Nikolai Gogol

Aufzeichnungen eines Wahnsinnigen

NIKOLAI

GOGOL

AUFZEICHNUNGEN EINES WAHNSINNIGEN

Aus dem Russischen von
Alexander Eliasberg

Mit Bildern von
Walter Gramatté

NIKOL VERLAG

Der vorliegende Text in der Übersetzung von
Alexander Eliasberg erschien erstmals in dem Werk
»Nikolai Gogol, Petersburger Erzählungen« im
Drei Masken Verlag, München, ca. 1920.
Die Orthografie folgt der Vorlage.
Lediglich eindeutige Druck- und Satzfehler
wurden stillschweigend korrigiert.

1. Auflage 2023

Satz: Röser MEDIA GmbH & Co. KG, Karlsruhe
Umschlaggestaltung: Nele Schütz Design unter
Verwendung von Shutterstock/flowersmile
Druck und Bindung: CPI Moravia Books s.r.o.
Printed in the Czech Republic

ISBN: 978-3-86820-731-6

Besuchen Sie uns im Internet:
www.nikol-verlag.de

Inhalt

Aufzeichnungen eines Wahnsinnigen

Heute hat sich was Außergewöhnliches ereignet. Ich stand des Morgens ziemlich spät auf, und als Mawra mir meine geputzten Stiefel brachte, fragte ich sie, wie spät es sei. Als ich hörte, daß es schon längst zehn geschlagen habe, beeilte ich mich, mich anzukleiden. Offen gestanden, ich wäre am liebsten gar nicht ins Departement gegangen, da ich schon wußte, welch eine saure Miene unser Abteilungschef machen würde. Er pflegt mir schon seit längerer Zeit zu sagen: »Was hast du für ein Durcheinander im Kopfe, mein Bester? Manchmal rennst du wie ein Irrsinniger herum, bringst die Akten so durcheinander, daß der Satan selbst sich nicht auskennt, schreibst den Titel mit einem kleinen Anfangsbuchstaben und setzt weder Datum noch Nummer hin.« So ein verdammter Reiher! Er beneidet mich sicher, weil ich im Kabinett des Direktors sitze und für Seine Exzellenz die Federn zuschneide. Mit einem Worte, ich wäre gar nicht ins Departement gegangen, hätte ich nicht die Hoffnung gehabt, den Kassierer zu sehen und von diesem Juden wenigstens einen kleinen Vorschuß auf mein Gehalt zu erbetteln. Das ist auch so ein Geschöpf! Daß er auch nur einmal das Gehalt für einen Monat vorausbezahlt – du lieber Gott, eher bricht das Jüngste Gericht herein. Man mag ihn bitten, bis man zerspringt, und wenn man auch in der größten Klemme sitzt, der alte Teufel gibt keinen Pfennig her. Bei sich daheim läßt er sich aber von seiner eigenen Köchin ohrfeigen; das weiß die ganze Welt. Ich sehe nicht ein, was es für einen Vorteil haben soll, im Departement zu dienen: man hat ja gar keine Einnahmen dabei. In der Gouvernements-Verwaltung, in der Zivilkammer, im Rentamt ist es doch ganz anders: dort sitzt mancher Beamter in schäbigem Frack, mit einer Fratze, die man anspucken möchte, in seinem Winkelchen und schreibt, aber was sich der Kerl für eine Villa leistet! Mit einer vergoldeten Porzellantasse wage man sich an ihn gar nicht heran: »Das ist ja ein Geschenk für einen Doktor!« sagte er; man gebe ihm lieber entweder ein Paar Traber, oder einen Wagen, oder einen Biberpelz im Werte von dreihundert Rubeln. Er sieht so bescheiden aus und spricht so zart: »Leihen Sie mir doch Ihr Messerchen, ich will mir ein Federchen zuschneiden« – dabei rupft er aber den Bittsteller so, daß ihm kein Hemd am Leibe bleibt. Freilich ist unser Dienst edler, alles ist von einer Sauberkeit, wie man sie in einer Gouvernements-Verwaltung nie zu Gesicht bekommt, die Tische sind aus Mahagoni, und alle Vorgesetzten sagen zu einem »Sie«. … Ja, ich muß gestehen, wenn nicht dieser edle Dienst wäre, so hätte ich das Departement schon längst verlassen.

Ich zog meinen alten Mantel an und nahm den Schirm, denn es regnete in Strömen. Auf den Straßen war niemand; ich sah nur einige einfache Weiber, die ihre Rockzipfel über den Kopf geschlagen hatten, einige altrussische Kaufleute mit Regenschirmen und einige Kanzleidiener. Von besserem Publikum sah ich nur einen Beamten. Ich traf ihn an einer Straßenecke. Als ich ihn erblickte, sagte ich mir: – Aha, mein Lieber, du gehst gar nicht ins Departement; du steigst jener Dame nach, die dort vorne läuft, und schaust ihr auf die Füßchen. – Was für eine Bestie ist doch so ein Beamter! Er gibt selbst einem Offizier nichts nach: kaum sieht er so ein Wesen in einem Hütchen, sofort hat er mit ihr angebandelt. Als ich mir dieses dachte, sah ich eine Equipage vor einem Laden halten, an dem ich gerade vorüberging. Ich erkannte sie sofort: es war die Equipage unseres Direktors. – Er hat in diesem Laden nichts zu suchen –, dachte ich mir, – es wird wohl seine Tochter sein. – Ich drückte mich an die Wand. Der Lakai öffnete den Wagenschlag, sie hüpfte heraus wie ein Vögelchen. Wie bezaubernd blickte sie nach rechts und links und bewegte Brauen und Augen ... Du lieber Gott, ich war verloren, ganz verloren! ... Was braucht sie bei solchem Regen auszufahren! Nun soll mir einer sagen, daß die Frauen keine Leidenschaft für Tand haben. Sie erkannte mich nicht, und auch ich bemühte mich, mich in meinen Mantel zu hüllen, um so mehr, als ich einen schmierigen und altmodischen Mantel anhatte. Man trägt jetzt Mäntel mit einem langen Kragen, ich hatte aber einen mit mehreren kurzen Kragen an; auch ist das Tuch meines Mantels gar nicht dekatiert. Ihr Hündchen hatte nicht Zeit gehabt, in die Ladentüre zu schlüpfen, und blieb auf der Straße zurück. Ich kenne dieses Hündchen. Es heißt Maggie. Es war noch keine Minute vergangen, als ich ein feines Stimmchen hörte: »Guten Tag Maggie!« Du lieber Gott, wer spricht denn da? Ich sah mich um und erblickte zwei Damen, die unter einem Regenschirm gingen: eine alte und eine ganz junge; sie waren schon vorbeigegangen, ich hörte aber neben mir wieder das Stimmchen: »Du solltest dich schämen, Maggie!« Teufel nochmal: ich sah, daß Maggie ein Hündchen beschnüffelte, das den beiden Damen folgte. – Aha! – dachte ich mir: – Bin ich auch nicht betrunken? Ich glaube aber, das passiert mit mir nur selten. – »Nein, Fidèle, du irrst dich«, – ich sah mit eigenen Augen, daß Maggie diese Worte sprach: »Ich war, wau, wau, ich war, wau, wau, sehr krank.« Ach, dieses Hündchen! Offen gestanden, ich war sehr erstaunt, als ich den Hund mit einer Menschenstimme sprechen hörte; aber später, als ich mir alles überdachte, hörte ich auf, darüber zu staunen. Es hat doch in der Welt tatsächlich eine Menge ähnlicher Fälle gegeben. Man sagt, in England sei ein Fisch ans Ufer geschwommen, der zwei Worte in einer merkwürdigen Sprache gesagt habe, die die Gelehrten schon seit drei Jahren zu bestimmen suchen und noch immer nicht bestimmt haben. Ich habe in der Zeitung auch über zwei Kühe gelesen, die in einen Laden kamen und ein Pfund Tee verlangten. Ich war aber noch viel mehr erstaunt, als Maggie sagte: »Ich habe dir ja geschrieben, Fidèle; Polkan hat dir wahrscheinlich meinen Brief nicht übergeben!« Teufel nochmal: Ich habe mein Lebtag noch nie gehört, daß ein Hund schreiben kann. Richtig schreiben kann nur ein Edelmann. Allerdings pflegen auch Kaufleute, Ladengehilfen und sogar Leibeigene zu schreiben; aber ihr Schreiben ist meistens mechanisch: man findet darin weder Kommas, noch Punkte, noch einen Stil.

Das setzte mich in Erstaunen. Ich gestehe, seit einiger Zeit höre und sehe ich zuweilen solche Dinge, die noch kein Mensch gesehen und gehört hat. – Ich will mal diesem Hund nachgehen –, sagte ich zu mir selbst, – und erfahren, wer er ist und was er sich denkt. – Ich machte meinen Schirm auf und folgte den beiden Damen. Wir durchquerten die Gorochowaja, bogen dann in die Mjeschtschanskaja ein, dann in die Stoljarnaja, kamen zur Kokuschkin-Brücke und blieben schließlich vor einem großen Hause stehen. – Dieses Haus kenne ich –, sagte ich mir, – es ist Swjerkows Haus. – So ein Ungeheuer von einem Haus! Was für Leute wohnen nicht alles darin: so viele Köchinnen, so viele Zugereiste!

Von uns Beamten gibt es da aber so viele wie Hunde: der eine sitzt auf dem anderen und treibt den dritten an. Ich habe da auch einen Freund, der sehr gut Trompete spielt. Die Damen stiegen in den fünften Stock hinauf. – Gut –, dachte ich mir, – heute gehe ich noch nicht hinauf, ich will mir nur das Haus merken und bei der nächsten Gelegenheit daraus Nutzen ziehen. –

4. Oktober

Heute ist Mittwoch, und darum war ich bei unserem Direktor im Kabinett. Ich kam absichtlich etwas früher, setzte mich hin und schnitt alle Federn zurecht. Unser Direktor ist wahrscheinlich ein sehr kluger Mann. Sein Kabinett ist voller Bücherschränke. Ich las die Titel einiger von ihnen: solch eine Gelehrsamkeit, daß sich unsereins gar nicht heranwagen darf, alles entweder französisch oder deutsch. Und wenn man ihm ins Gesicht blickt – du lieber Gott, was für eine Würde leuchtet aus seinen Augen! Ich habe noch nie gehört, daß er ein überflüssiges Wort gesagt hätte. Wenn man zu ihm mit den Papieren kommt, fragt er nur: »Was für ein Wetter ist heute?« – »Es ist feucht, Euer Exzellenz!« Ja, er ist doch etwas anderes als unsereins! Ein Staatsmann. – Ich merke jedoch, daß er mich besonders lieb hat und auch seine Tochter … Ach, verdammt! … Nichts, gar nichts, Schweigen! – Ich las in der »Nordischen Biene«. Was für ein dummes Volk sind diese Franzosen! Was wollen sie denn eigentlich? Lieber Gott, ich würde sie alle hernehmen und mit Ruten züchtigen! In der gleichen Zeitung las ich auch die Beschreibung eines Balles, die einen Kursker Gutsbesitzer zum Verfasser hat. Kursker Gutsbesitzer schreiben sehr schön. Da merkte ich, daß es schon halb eins schlug, unser Direktor aber noch immer nicht aus seinem Schlafzimmer herausgekommen war. So um halb zwei ereignete sich etwas, was keine Feder zu beschreiben vermag. Die Türe ging auf, ich dachte, es sei der Direktor, und sprang mit den Papieren vom Stuhle auf; es war aber sie, sie selbst! Alle Heiligen, wie war sie gekleidet! Ihr Kleid war so weiß wie ein Schwan, Gott, wie herrlich! Und als sie mich anblickte, so war es wie die Sonne! Bei Gott, wie die Sonne! Sie nickte mir zu und sagte: »War Papa noch nicht hier?« Ach, ach, ach, diese Stimme! Ein Kanarienvogel, tatsächlich ein Kanarienvogel! »Eure Exzellenz«, wollte ich ihr sagen, »lassen Sie mich nicht strafen, und wenn Sie mich schon strafen wollen, so strafen Sie mich mit Ihrem eigenen Händchen!« Aber meine Zunge versagte, und ich sagte nur: »Nein, er war noch nicht hier.« Sie sah mich an, sah auf die Bücher und ließ ihr Taschentuch fallen. Ich stürzte hin, um es aufzuheben, glitt auf dem verdammten Parkett aus und hätte mir beinahe die Nase zerschlagen; aber ich hielt mich noch aufrecht und hob das Taschentuch auf. Alle Heiligen, was für ein Taschentuch! Der feinste Batist! Ambra, ganz wie Ambra! Er duftet förmlich nach dem Generalsrang! Sie dankte und lächelte leise, so daß ihre zuckersüßen Lippen sich fast gar nicht regten, und dann ging sie. Ich blieb noch eine Stunde lang sitzen, als plötzlich der Lakai eintrat und sagte: »Gehen Sie, Aksentij Iwanowitsch, heim, der Herr ist schon aus dem Hause gegangen.« Ich kann dieses Lakaienvolk nicht ausstehen: Immer rekeln sie sich im Vorzimmer und geben sich nicht mal die Mühe, mit dem Kopf zu nicken. Und noch mehr als das: einer dieser Bestien fiel es einmal ein, mir, ohne vom Platze aufzustehen, eine Prise anzubieten. »Weißt du denn nicht, du dummer Knecht, daß ich ein Beamter und von adeliger Abstammung bin?« Ich nahm jedoch meinen Hut, zog selbst meinen Mantel an, denn diese Herren geben sich niemals die Mühe, einem in den Mantel zu helfen, und ging. Zu Hause lag ich fast die ganze Zeit auf dem Bett. Dann schrieb ich ein sehr hübsches Gedicht ab:

»Liebster Schatz blieb aus ein Stündchen, doch mir wars, als wär‘s ein Jahr! Immer dacht‘ ich an ihr Mündchen und ans seidenweiche Haar!«

Das hat wohl Puschkin verfaßt. Gegen Abend hüllte ich mich in meinen Mantel, ging vors Haus Seiner Exzellenz und wartete, ob sie nicht erscheinen würde; aber sie erschien nicht.

6. November

Der Abteilungschef brachte mich heute ganz aus der Fassung. Als ich ins Departement kam, rief er mich zu sich und sagte zu mir folgendes: »Sag mir, bitte, was tust du eigentlich?« – »Was ich tue? Ich tue gar nichts.« – »Überlege es dir doch: du bist ja bald vierzig Jahre alt, es ist Zeit, daß du Verstand annimmst. Was denkst du dir eigentlich? Glaubst du vielleicht, daß ich deine Streiche nicht kenne? Du läufst ja der Tochter des Direktors nach. Schau dich selbst an und bedenke, was du bist! Du bist eine Null. Du hast keinen Heller. Betrachte wenigstens dein Gesicht im Spiegel, wie kannst du daran auch nur denken!« Hol ihn der Teufel! Weil sein Gesicht einige Ähnlichkeit mit einer Apothekerflasche hat, weil er auf dem Kopfe einen gekräuselten Haarschopf hat, weil er den Kopf hoch trägt und mit irgendeiner Rosenpomade schmiert, glaubt er, ihm allein sei alles erlaubt. Ich verstehe, warum er so böse auf mich ist. Er beneidet mich. Vielleicht hat er schon gemerkt, daß ich bevorzugt werde.

Aber ich spucke auf ihn. Auch eine große Sache – ein Hofrat! Hat sich eine goldene Uhrkette an den Bauch gehängt, läßt sich Stiefel zu dreißig Rubel das Paar machen – hol ihn der Teufel! Bin ich vielleicht von niederem Stande, stamme ich von einem Schneider oder von einem Unteroffizier ab? Ich bin ein Edelmann! Ich kann mich noch hinaufdienen. Ich bin nur zweiundvierzig Jahre alt, und in diesem Alter beginnt erst der richtige Dienst. Wart, Freundchen! Auch wir werden noch einmal Oberst sein und, so Gott will, vielleicht noch mehr. Auch wir werden uns eine Wohnung anschaffen, vielleicht eine bessere als die deinige. Was hast du dir in den Kopf gesetzt, daß es außer dir keinen anständigen Menschen gibt. Wenn ich einen feinen Frack nach der neuesten Mode anziehe und mir eine Krawatte umbinde, wie du eine trägst, so reichst du nicht an meine Schuhsohle heran. Ich habe bloß keine Mittel, das ist mein Unglück.

8. November

Ich war im Theater. Man spielte den »Russischen Narren Filatka«. Ich habe viel gelacht. Es gab noch eine Posse mit sehr lustigen Versen über die Gerichtsschreiber, besonders über einen gewissen Kollegien-Registrator; die Verse waren sehr frei, und ich mußte mich wundern, daß die Zensur sie hat passieren lassen; von den Kaufleuten hieß es aber ganz offen, daß sie das Volk betrügen und daß ihre Söhne tolle Streiche machen und nach dem Adelsstande streben. Es gab auch ein sehr amüsantes Couplet über die Journalisten: diese schimpfen gerne auf alles, und der Autor bittet das Publikum um Schutz. Die Autoren schreiben heute sehr amüsante Stücke. Ich besuche gerne das Theater. Wenn ich nur einen Groschen in der Tasche habe, kann ich mich nicht beherrschen und muß hinein. Unter unseren Beamten gibt es aber solche Schweine, die niemals ins Theater gehen; höchstens, wenn man ihnen ein Billett schenkt. Eine Schauspielerin sang sehr schön. Ich mußte an *sie* denken ... Ach, verdammt! ... Nichts, gar nichts ... Schweigen.

9. November

Um acht Uhr ging ich ins Departement. Der Abteilungschef tat so, als bemerkte er mein Erscheinen gar nicht. Auch ich meinerseits tat so, als wäre zwischen uns nichts vorgefallen. Ich sah die Akten durch und verglich sie miteinander. Um vier Uhr ging ich fort. Ich kam an der Wohnung des Direktors vorbei, aber es war niemand zu sehen. Nach dem Essen lag ich meistenteils wieder auf dem Bett.

11. November

Heute saß ich im Kabinett unseres Direktors und schnitt für ihn dreiundzwanzig Federn und für sie ... ei! ei! ... für Ihre Exzellenz vier Federn. Er hat es sehr gern, wenn auf dem Tische möglichst viel Federn bereitliegen. Gott, das muß ein Kopf sein! Er schweigt immer, aber im Kopfe, glaube ich, überlegt er sich alles. Ich möchte so gern wissen, worüber er hauptsächlich denkt und was für Pläne in diesem Kopfe entstehen. Ich möchte mir das Leben dieser Herren näher ansehen, alle diese Equivoquen und Hofintrigen: wie sie sind und was sie in ihrem Kreise treiben, das möchte ich wissen! Ich wollte schon einigemal ein Gespräch mit Seiner Exzellenz beginnen, aber die Zunge, hol sie der Teufel, versagte mir ihren Dienst; ich sagte bloß, daß es draußen kalt oder warm sei, sonst konnte ich aber nichts mehr herausbringen. Ich möchte so gern in den Salon hineinblicken, dessen Türe manchmal offensteht, und dann auch noch in ein anderes

Zimmer, hinter dem Salon. Ach, diese reiche Einrichtung! Was für Spiegel und Porzellan! Ich möchte so gerne auch in die Zimmer hineinblicken, die Ihre Exzellenz bewohnt, – da möchte ich hineinschauen! Ins Boudoir, wo alle die Döschen, Gläschen stehen, so zarte Blumen, daß man gar nicht hinzuhauchen wagt, wo ihr Kleid liegt, das eher an Luft als an ein Kleid erinnert. Ich möchte in ihr Schlafzimmer hineinblicken ... dort sind wohl solche Wunder, dort ist solch ein Paradies, wie man es nicht einmal im Himmel findet. Ich möchte das Bänkchen sehen, auf das sie, wenn sie vom Bette aufsteht, ihr Füßchen setzt, wie sie sich das schneeweiße Strümpfchen anzieht ... Ei! ei! ei! Nichts, gar nichts ... Schweigen.

Heute ging mir plötzlich ein Licht auf: ich erinnerte mich an das Gespräch der beiden Hündchen, das ich auf dem Newskij-Prospekt gehört hatte. – Gut, sagte ich mir, – jetzt werde ich alles erfahren. Ich muß nur die Briefe abfangen, die diese gemeinen Hunde einander schreiben. Aus ihnen werde ich wohl manches erfahren. – Offen gestanden, rief ich einmal Maggie zu mir heran und sagte ihr: »Hör einmal, Maggie, wir sind jetzt allein; wenn du willst, schließe ich auch die Türe ab, so daß uns niemand sehen wird, – erzähle mir alles, was du über dein Fräulein weißt: was sie treibt und wie sie ist? Ich will dir schwören, daß ich es niemand verraten werde.« Aber das listige Hundevieh zog den Schweif ein, duckte sich und ging leise aus dem Zimmer, als hätte es nichts gehört. Ich habe schon längst vermutet, daß der Hund viel klüger ist als der Mensch; ich bin sogar überzeugt, daß er zu sprechen versteht und es nur aus Trotz nicht tut. So ein Hund ist ein hervorragender Politiker: er merkt sich alles, jeden Schritt, den der Mensch tut. Nein, ich gehe morgen unbedingt in Swjerkows Haus, nehme Fidèle ins Gebet und eigne mir, wenn es geht, alle Briefe an, die Maggie ihr geschrieben hat.

12. November

Um zwei Uhr ging ich aus, mit dem festen Vorsatz, Fidèle zu sehen und zu vernehmen. Ich verabscheue den Kohlgeruch, der aus allen Kramläden in der Mjeschtschanskaja dringt; außerdem kommt aus dem Torwege eines jeden Hauses ein so höllischer Gestank, daß ich mir die Nase zuhielt und, so schnell ich konnte, weiterlief. Auch diese verdammten Handwerker verpesten die Luft mit dem Ruß und Rauch aus ihren Werkstätten, so daß ein anständiger Mensch hier unmöglich spazierengehen kann. Als ich in den sechsten Stock hinaufgestiegen war und geläutet hatte, kam ein Mädchen heraus, gar nicht übel von Aussehen, mit kleinen Sommersprossen im Gesicht. Ich erkannte sie: es war dieselbe, die damals mit der Alten ging. Sie errötete leicht, und ich begriff sofort: – Du willst wohl einen Mann, meine Liebe! – »Was wünschen Sie?« fragte sie. – »Ich muß mit Ihrem Hündchen sprechen.« Das Mädel war dumm! Ich merkte sofort, daß sie dumm war! Das Hündchen kam indessen selbst bellend hereingelaufen; ich wollte es packen, aber das garstige Vieh hätte mich beinahe in die Nase gebissen. Ich erblickte jedoch in der Ecke den Korb, in dem der Hund zu schlafen pflegt. Ach, da ist doch alles, was ich brauche! Ich ging auf ihn zu, durchwühlte das Stroh und holte zu meinem unbeschreiblichen Vergnügen ein kleines Papierbündel hervor. Als das gemeine Hundevieh es sah, biß es mich erst in die Wade und begann, als es merkte, daß ich seine

Papiere genommen hatte, zu winseln und zu schmeicheln; ich aber sagte: »Nein, mein Schatz, leb wohl!« und stürzte hinaus. Ich glaube, das Mädel hielt mich für verrückt, denn es erschrak außerordentlich. Nach Hause zurückgekehrt, wollte ich mich gleich an die Arbeit machen und die Briefe durchsehen, denn bei Kerzenlicht sehe ich nicht gut; der Mawra fiel es aber gerade ein, den Boden zu scheuern. Diese dummen Finnenweiber sind immer zur ungelegenen Zeit reinlich. Darum ging ich aus, um einen kleinen Spaziergang zu machen und mir den Fall zu überlegen. Nun werde ich endlich alle Einzelheiten, alle Hintergedanken, alle geheimen Triebfedern kennenlernen und alles ergründen. Diese Briefe werden mir alles enthüllen. Die Hunde sind ein kluges Volk, sie kennen alle politischen Zusammenhänge, und darum werde ich wohl auch alles Nähere über unseren Direktor finden: das Porträt und alle Taten dieses Mannes. Es wird auch einiges über sie darin stehen … nichts, Schweigen! Gegen Abend kam ich nach Hause. Lag die meiste Zeit auf dem Bett.

13. November

Nun wollen wir mal sehen! Der Brief ist recht leserlich, in der Schrift liegt aber etwas Hündisches. Lesen wir ihn einmal:

»Liebe Fidèle! Ich kann mich noch immer nicht an Deinen kleinbürgerlichen Namen gewöhnen. Konnte man Dir denn wirklich keinen besseren geben? Fidèle, Rosa, was für ein banaler Ton! Aber lassen wir das alles beiseite. Ich freue mich sehr, daß es uns eingefallen ist, einander zu schreiben.«

Der Brief ist ziemlich korrekt geschrieben. Die Interpunktionszeichen und sogar der Buchstabe »jatj« stehen immer auf dem richtigen Platz. Ich glaube gar, selbst unser Abteilungsvorstand kann nicht so korrekt schreiben, obwohl er behauptet, irgendwo eine Universität besucht zu haben. Sehen wir mal weiter.

»... Mir scheint, es gehört zu den größten Freuden im Leben, seine Gedanken, Gefühle und Eindrücke mit einem anderen teilen zu können.«

Hm! ... Dieser Gedanke ist einem aus dem Deutschen übersetzten Werke entnommen. Auf den Titel kann ich mich nicht besinnen.

»... Ich sage das aus Erfahrung, obwohl ich in der Welt nicht weiter als bis vor unser Haustor herumgelaufen bin. Lebe ich nicht in höchster Zufriedenheit? Mein Fräulein, das der Papa Sophie nennt, liebt mich bis zur Bewußtlosigkeit.«

Ei, ei! ... nichts, gar nichts! Schweigen!

»... Auch der Papa liebkost mich sehr oft. Ich trinke Tee und Kaffee mit Sahne. Ach, ma chère, ich muß Dir sagen, daß ich gar kein Vergnügen an den großen abgenagten Knochen finde, die unser Polkan in der Küche frißt. Knochen sind nur gut vom Wild und auch das nur, wenn noch niemand das Mark aus ihnen herausgesogen hat. Es ist sehr gut, mehrere Saucen durcheinanderzumischen, doch nur solche ohne Kapern und ohne Grünzeug; aber ich kenne nichts Schlimmeres als die Angewohnheit, den Hunden aus Brot geknetete Kügelchen zu geben. Da beginnt irgendein Herr, der bei Tische sitzt und allerlei Zeug in seinen Händen gehalten hat, mit diesen selben Händen Brot zu kneten; dann ruft er Dich heran und schiebt Dir so ein Kügelchen ins Maul. Es nicht anzunehmen wäre unhöflich, – so frißt man es, obgleich mit Ekel, aber man frißt es doc... .«

Weiß der Teufel, was das ist! So ein Unsinn! Als ob es keinen besseren Gegenstand gäbe, über den man schreiben könnte. Schauen wir mal auf der nächsten Seite nach, vielleicht steht dort etwas Vernünftigeres.

»… Ich will Dich sehr gerne über alle Ereignisse unterrichten, die sich bei uns abspielen. Ich habe Dir schon einiges über den wichtigsten Herrn erzählt, den Sophie Papa nennt. Er ist ein sehr sonderbarer Mensc… .«

Aha, da ist es endlich! Ja, ich habe es gewußt: sie haben einen politischen Blick für alle Dinge. Sehen wir mal nach, was da über den Papa steht.

»… ein sehr sonderbarer Mensch. Er schweigt meistens und redet nur sehr selten. Aber vor einer Woche sprach er fortwährend mit sich selbst: ›Werde ich ihn kriegen oder werde ich ihn nicht kriegen?‹ Oder er nimmt in die eine Hand ein Stück Papier, ballt die andere leer zusammen und fragt: ›Werde ich ihn kriegen oder werde ich ihn nicht kriegen?‹ Einmal wandte er sich auch an mich mit der Frage: ›Wie glaubst du, Maggie, werde ich ihn kriegen oder nicht kriegen?‹ Ich konnte absolut nichts verstehen! Ich beschnüffelte nur seinen Stiefel und ging fort. Später, ma chère, nach einer Woche kam der Papa hocherfreut heim. Den ganzen Vormittag besuchten ihn Herren in Galauniformen und gratulierten ihm zu etwas. Bei Tisch war er so aufgeräumt, wie ich ihn noch nie gesehen habe, und erzählte immer Witze. Nach Tisch hob er mich aber zu seinem Hals und sagte: ›Schau mal, Maggie, was ist denn das?‹ Ich sah nur ein Bändchen. Ich beschnüffelte es, konnte aber gar keinen Duft wahrnehmen; schließlich leckte ich vorsichtig daran: es schmeckte etwas salzig.«

Hm! Dieses Hundevieh erlaubt sich, scheint mir, etwas zu viel ... daß es nur keine Schläge kriegt!

– Er ist also ehrgeizig! Das muß ich mir merken. –

»... Leb wohl, ma chère! Ich muß laufen usw. usw ... Morgen schreibe ich den Brief fertig. – Nun, guten Tag! Ich bin wieder bei Dir. Heute war mein Fräulein Sophi... .«

Ah! Sehen wir mal, was mit Sophie los war. Diese Gemeinheit! Nichts, gar nichts ... fahren wir fort.

»... war mein Fräulein Sophie in außerordentlicher Aufregung. Sie rüstete sich zu einem Ball, und ich freute mich sehr, daß ich Dir in ihrer Abwesenheit schreiben kann. Meine Sophie ist immer sehr froh, wenn sie auf einen Ball gehen kann, obwohl sie sich beim Ankleiden fast immer ärgert. Ich kann nicht verstehen, warum sich die Menschen ankleiden. Warum laufen sie nicht einfach so herum wie zum Beispiel wir? So ist es so gut und bequem. Ich verstehe auch nicht, was das für ein Vergnügen ist, auf einen Ball zu gehen, ma chère. Sophie kommt von einem Ball immer erst gegen sechs Uhr früh heim, und ich erkenne fast immer an ihrem blassen, elenden Aussehen, daß man der Ärmsten nichts zu essen gegeben hat. Ich muß gestehen, ich könnte so nicht leben. Wenn ich keine Sauce mit Rebhuhn oder keinen gebratenen Hühnerflügel bekäme, so ... so weiß ich wirklich nicht, was mit mir geschähe. Auch Sauce mit Grütze schmeckt nicht schlecht; aber gelbe oder weiße Rüben oder Artischocken werden mir niemals gefallen.«

Ein auffallend ungleichmäßiger Stil! Man sieht gleich, daß es kein Mensch geschrieben hat: er fängt an, wie es sich gehört, und schließt ganz hündisch. Sehen wir uns noch dieses Brieflein an. Es ist etwas lang. Hm! Es steht auch kein Datum dabei.

»... Ach, Liebste, wie deutlich läßt sich das Nahen des Frühlings fühlen. Mein Herz klopft so, als erwarte es jemand. In meinen Ohren ist ein ewiges Rauschen, so daß ich oft minutenlang mit erhobenem Beinchen lauschend an der Tür stehe. Ich will Dir eröffnen, daß ich viele Verehrer habe. Oft sitze ich auf der Fensterbank und betrachte sie. Ach, wenn Du wüßtest, was es für Scheusale unter ihnen gibt! Mancher ungeschlachte Köter, dem die Dummheit im Gesicht geschrieben steht, geht wichtig über die Straße und bildet sich ein, er sei eine höchst vornehme Person und alle müßten ihn bewundern. Keine Spur! Ich schenkte ihm nicht die geringste Beachtung und tat so, als hätte ich ihn überhaupt nicht gesehen. Und was für eine schreckliche Dogge bleibt manchmal vor meinem Fenster stehen! Hätte sie sich auf die Hinterbeine gestellt, was das rohe Vieh wohl gar nicht kann, so wäre sie um einen Kopf größer als der Papa meiner Sophie, der doch recht groß gewachsen und auch dick ist. Diese dumme Dogge ist sicher ein furchtbar frecher Kerl. Ich knurrte sie an, aber sie machte sich nichts draus und verzog keine Miene! Sie streckte nur die Zunge heraus, ließ die mächtigen Ohren hängen und blickte in mein Fenster herauf, – so ein Bauer! Aber glaubst Du denn wirklich, ma chère, daß mein Herz für all dies Werben unempfindlich sei? Ach, nein ... Hättest Du nur einen gewissen Kavalier gesehen, der über den Zaun des Nachbarhauses geklettert kommt und Tresor heißt ... Ach, ma chère, was er für ein Schnäuzchen hat... .«

Pfui, zum Teufel! ... Solches Gesudel! Wie kann man nur seine Briefe mit solchen Dummheiten anfüllen! Man zeige mir einen Menschen! Ich will einen Menschen sehen, mich verlangt nach geistiger Nahrung, die meine Seele speist und ergötzt; statt dessen aber dieser Unsinn … Wenden wir die Seite um, vielleicht wird es besser?

»… Sophie saß am kleinen Tisch und nähte etwas. Ich blickte zum Fenster hinaus, denn ich beobachte gern die Passanten; plötzlich trat der Diener herein und meldete: ›Herr Teplow!‹ – ›Ich lasse bitten!‹ rief Sophie und fing an, mich zu umarmen. ›Ach, Maggie, Maggie! Wenn Du nur wüßtest, wer das ist: er ist brünett und Kammerjunker und hat Augen so schwarz wie Achat!‹ Und Sophie lief in ihr Zimmer. Einen Augenblick später erschien ein junger Kammerjunker mit schwarzem Backenbart; er trat vor den Spiegel, brachte sein Haar in Ordnung und sah sich im Zimmer um. Ich knurrte eine Weile und setzte mich dann auf meinen Platz. Sophie kam bald wieder und beantwortete seinen Kratzfuß mit einem vergnügten Nicken: ich tat so, als bemerkte ich nichts, und sah ruhig zum Fenster hinaus; aber ich neigte meinen Kopf etwas zur Seite und gab mir Mühe zu hören, was sie sprachen. Ach, ma chère, was für dummes Zeug redeten sie zusammen! Sie sprachen davon, daß eine Dame beim Tanz statt der einen Figur eine andere gemacht habe; daß irgendein Herr Bobow in seinem Jabot ganz wie ein Storch ausgesehen hätte und beinahe hingeplumpst wäre!, daß irgendeine Frau Lidina sich einbilde, blaue Augen zu haben, während sie in Wirklichkeit grüne habe, und dergleichen mehr. – Wenn man diesen Kammerjunker mit meinem Tresor vergleichen wollte! – dachte ich mir. Du lieber Himmel, dieser Unterschied! Erstens hat der Kammerjunker ein vollkommen glattes, breites Gesicht mit einem Backenbart ringsherum, es sieht aus, als hätte er sich das Gesicht mit einem schwarzen Tuch umbunden; Tresor hat aber ein feines Schnäuzchen und eine kleine weiße Stelle mitten auf der Stirn. Tresors Taille kann man mit der des Kammerjunkers gar nicht vergleichen. Wie anders sind auch die Augen, die Manieren, das ganze Benehmen. Ach, welch ein Unterschied! Ich weiß nicht, ma chère, was sie an ihrem Teplow gefunden hat. Warum ist sie so entzückt von ihm … .«

Auch mir scheint, daß hier etwas nicht stimmt. Es kann nicht sein, daß Teplow sie so bezaubert hat. Lesen wir weiter:

»…Mir scheint, wenn ihr dieser Kammerjunker gefällt, so wird ihr auch bald der Beamte gefallen, der beim Papa im Kabinett zu sitzen pflegt. Ach, ma chère, wenn Du nur wüßtest, was das für ein Scheusal ist! Ganz wie eine Schildkröte in einem Sac… .«

Was mag das wohl für ein Beamter sei… .

»… Sein Familienname klingt sehr merkwürdig. Er sitzt immer da und schneidet die Federn zurecht. Das Haar auf seinem Kopfe hat große Ähnlichkeit mit Heu. Der Papa verwendet ihn manchmal zu Botengänge… .«

Mir scheint, dieses gemeine Hundevieh spielt auf mich an. Aber ist denn mein Haar wie Heu?

»… Sophie kann sich gar nicht des Lachens enthalten, wenn sie ihn ansieht.«

Du lügst, verdammtes Hundevieh! So eine böse Zunge! Als ob ich nicht wüßte, daß es nichts als Neid ist! Als ob ich nicht wüßte, wessen Streiche es sind! Es sind Streiche des Abteilungsvorstandes. Hat doch dieser Mensch mir ewigen Haß geschworen, und so schadet er mir auf Schritt und Tritt.

Sehen wir uns indessen noch einen Brief an. Vielleicht klärt sich dann die Sache von selbst.

»*Ma chère Fidèle*, entschuldige, daß ich so lange nicht geschrieben habe. Ich war wie in einem Rausch. Wie richtig hat doch ein Dichter gesagt, die Liebe sei ein zweites Leben. Außerdem gibt es bei uns im Hause große Veränderungen. Der Kammerjunker sitzt jetzt bei uns jeden Tag. Sophie ist wahnsinnig in ihn verliebt. Papa ist sehr vergnügt. Ich hörte sogar von unserem Grigorij, der den Boden kehrt und fast immer mit sich selbst spricht, daß die Hochzeit bald stattfinden werde, denn der Papa wolle Sophie durchaus mit einem General oder einem Kammerjunker oder einem Oberst verheiratet sehe… .«

Hol's der Teufel! Ich kann nicht weiterlesen … Immer ist's ein Kammerjunker oder ein General. Alles Beste, was es auf der Welt gibt, fällt immer den Kammerjunkern oder den Generälen zu. Hol's der Teufel! Wie gerne möchte auch ich General werden, doch nicht um ihre Hand und so weiter zu erlangen, – nein, ich möchte nur deshalb General werden, um zu sehen, wie sie vor mir scharwenzeln und alle diese höfischen Kunststücke und Manieren zeigen werden, und um ihnen dann zu sagen, daß ich auf sie beide spucke. Hol's der Teufel, es ist ärgerlich! Ich habe die Briefe dieses dummen Hundes in Stücke gerissen.

3. Dezember

Es kann nicht sein, es ist erlogen! Es wird nie zu einer Hochzeit kommen! Was ist denn dabei, daß er Kammerjunker ist? Das ist ja doch nur ein Titel und keine sichtbare Sache, die man in die Hand nehmen könnte. Weil er Kammerjunker ist, hat er doch kein drittes Auge auf der Stirn. Seine Nase ist doch auch nicht aus Gold gemacht, sondern genauso wie die meine und wie die eines jeden Menschen; er riecht doch und ißt nicht mit ihr, er niest mit ihr und hustet nicht. Ich wollte schon einigemal dahinterkommen, worauf alle diese Unterschiede beruhen. Warum bin ich Titularrat, und woraus folgt, daß ich Titularrat bin? Vielleicht bin ich gar kein Titularrat? Vielleicht bin ich ein Graf oder ein General und sehe nur wie ein Titularrat aus. Vielleicht weiß ich selbst noch nicht, wer ich bin. Es gibt doch so viele Beispiele in der Weltgeschichte: ein ganz einfacher Mensch, nicht einmal ein Adliger, sondern ein Kleinbürger oder sogar Bauer, entpuppt sich plötzlich als hoher Würdenträger, als ein Baron, oder wie heißt es noch ... Wenn aus einem Bauern so etwas werden kann, was kann dann alles aus einem Edelmann werden? Da komme ich zum Beispiel in Generalsuniform zu unserm Chef: auf der rechten Schulter habe ich eine Epaulette, auf der linken Schulter eine Epaulette, ein blaues Band über die Achsel – nun, was wird dann meine Schöne sagen? Was wird ihr Papa, unser Direktor, sagen? Oh, er ist doch sehr ehrgeizig! Er ist ein Freimaurer, ganz gewiß ein Freimaurer; er tut zwar so, als wäre er dies und jenes, aber ich habe es gleich bemerkt, daß er ein Freimaurer ist: wenn er jemand die Hand reicht, so streckt er nur zwei Finger aus. Kann ich denn nicht jetzt gleich in diesem Augenblick zum General-Gouverneur oder zum Intendanten oder zu etwas Ähnlichem ernannt werden? Ich möchte gerne wissen, warum ich Titularrat bin? Warum gerade Titularrat?

5. Dezember

Ich las heute den ganzen Vormittag Zeitungen. Merkwürdige Dinge gehen in Spanien vor. Ich kann mich in ihnen so gar nicht ordentlich zurechtfinden. Man schreibt, der Thron sei erledigt, und die Stände hätten wegen der Wahl eines Thronfolgers Schwierigkeiten; darum gäbe es Aufstände. Dies kommt mir außerordentlich seltsam vor. Wie kann bloß der Thron erledigt sein? Man sagt, irgendeine Donna werde den Thron besteigen müssen. Aber eine Donna kann den Thron nicht besteigen, es ist unmöglich. Auf dem Throne muß doch ein König sitzen. »Aber es gibt keinen König«, sagen die Leute. Es kann doch nicht sein, daß es keinen König gibt. Ein Staat kann nicht ohne einen König bestehen. Es gibt wohl einen König, er hält sich aber wohl irgendwo unerkannt auf. Vielleicht befindet er sich sogar dort an Ort und Stelle, aber irgendwelche Familiengründe oder Befürchtungen seitens der Nachbarstaaten wie Frankreich und der anderen zwingen ihn, sich verborgen zu halten, oder es gibt irgendwelche anderen Ursachen.

8. Dezember

Ich war schon bereit, ins Departement zu gehen, aber verschiedene Gründe und Erwägungen hielten mich davon ab. Die spanischen Angelegenheiten wollten mir nicht aus dem Sinn.

Wie kann es nur sein, daß eine Donna Königin wird?

Man wird es nicht zulassen. Erstens wird es England nicht gestatten. Dazu auch die politische Lage von ganz Europa, der Kaiser von Österreich, unser Kaiser … Ich muß gestehen, alle diese Ereignisse haben mich dermaßen erschüttert, daß ich den ganzen Tag gar nichts tun konnte. Mawra sagte mir, ich sei bei Tisch äußerst zerstreut gewesen. Ich glaube, ich habe in meiner Zerstreutheit tatsächlich zwei Teller auf den Boden geschmissen, die auch zerbrachen. Nach dem Essen ging ich zu der Rutschbahn, konnte aber aus dem Schauspiel nichts Belehrendes schöpfen. Die meiste Zeit lag ich zu Bett und dachte über die spanischen Angelegenheiten nach.

Im Jahre 2000, d. 43. April

Der heutige Tag ist ein Tag des größten Triumphs! Spanien hat einen König. Er ist plötzlich da. Dieser König bin ich. Gerade heute habe ich es erfahren. Ich muß gestehen, es erleuchtete mich wie ein Blitz. Ich verstehe nicht, wie ich mir nur denken und einbilden konnte, daß ich ein Titularrat sei. Wie konnte mir nur dieser verrückte, wahnsinnige Gedanke in den Kopf kommen? Es ist noch ein Glück, daß es niemand eingefallen ist, mich ins Irrenhaus zu sperren. Jetzt ist mir alles klar. Jetzt sehe ich alles deutlich vor mir liegen. Und bisher – ich verstehe es gar nicht, – bisher lag vor mir alles wie im Nebel. Ich glaube, das alles kommt daher, weil die Menschen sich einbilden, das menschliche Gehirn befinde sich im Kopfe; dem ist aber gar nicht so: es wird von einem Winde vom Kaspischen Meere hergebracht. Zuerst erklärte ich der Mawra, wer ich bin. Als sie hörte, daß vor ihr der König von Spanien steht, schlug sie die Hände zusammen und starb fast vor Schreck; die Dumme hat noch nie einen König von Spanien gesehen. Ich gab mir jedoch Mühe, sie zu beruhigen, und versicherte sie in gnädigen Worten meines Wohlwollens, indem ich ihr sagte, ich zürne ihr gar nicht, weil sie mir zuweilen die Stiefel so schlecht geputzt habe. Das sind doch einfache Leute: man kann zu ihnen nicht von höheren Gegenständen sprechen. Sie erschrak, weil sie überzeugt war, daß alle spanischen Könige Philipp II. gleichen. Ich machte ihr aber klar, daß zwischen mir und Philipp fast nicht die geringste Ähnlichkeit bestehe und daß ich keinen einzigen

Kapuziner bei mir habe. Ins Departement ging ich heute nicht. Mag es der Teufel holen! Nein, Freunde, jetzt werdet ihr mich nicht mehr hinlocken: ich werde eure garstigen Akten nicht mehr abschreiben!

den 86. Martember,
zwischen Tag und Nacht

Heute kam unser Exekutor, um mir zu sagen, ich solle ins Departement kommen; ich sei seit mehr als drei Wochen nicht mehr in den Dienst gegangen.

Aber die Menschen sind ungerecht: sie rechnen nach Wochen. Das haben die Juden eingeführt, weil sich ihr Rabbiner um diese Zeit wäscht. Zum Spaß ging ich aber doch ins Departement. Der Abteilungsvorstand glaubte, ich werde mich vor ihm verbeugen und mich entschuldigen; ich sah ihn aber nur gleichgültig, nicht zu böse und auch nicht zu gnädig an und setzte mich auf meinen Platz, als bemerkte ich niemand. Ich betrachtete dieses ganze Kanzleigesindel und dachte mir: – Wenn ihr nur wüßtet, wer hier zwischen euch sitzt! … – Du lieber Gott, was hätten sie für einen Lärm gemacht!

Auch der Abteilungsvorstand selbst würde sich vor mir so tief verbeugen, wie er sich jetzt vor dem Direktor verbeugt. Man legte einige Akten vor mich hin, damit ich ein Exzerpt aus ihnen mache. Ich berührte sie aber mit keinem Finger. Nach einigen Minuten gerieten alle in Unruhe. Es hieß, der Direktor komme. Viele Beamte liefen hinaus, um von ihm bemerkt zu werden, aber ich rührte mich nicht von der Stelle. Als er durch unsere Abteilung ging, knöpften alle ihre Fräcke zu; mir fiel es aber gar nicht ein! Was ist so ein Direktor? Soll ich mich etwa vor ihm erheben? Niemals!

Was ist er für ein Direktor? Er ist nur ein Stöpsel, und kein Direktor. Ein ganz gewöhnlicher Stöpsel, einer, mit dem man die Flaschen zukorkt, und weiter nichts! Am meisten amüsierte es mich, als man mir ein Papier vorlegte, damit ich es unterschreibe. Sie glaubten, ich würde ganz unten am Rande des Bogens hinschreiben: Tischvorsteher Soundso – fiel mir gar nicht ein! Ich schrieb auf die sichtbarste Stelle, wo der Direktor des Departements seine Unterschrift zu setzen pflegt: »Ferdinand VIII.« Man muß gesehen haben, was für ein ehrfurchtsvolles Schweigen da eintrat; ich winkte aber nur mit der Hand, sagte: »Ich brauche keine Zeichen der Untertänigkeit!« und verließ das Zimmer. Aus der Kanzlei begab ich mich direkt in die Wohnung des Direktors. Er selbst war nicht zu Hause. Der Lakai wollte mich nicht einlassen, aber ich sagte ihm so etwas, daß er nur die Hände sinken ließ. Ich ging direkt ins Toilettenzimmer. Sie saß vor dem Spiegel; als sie mich sah, sprang sie auf und wich vor mir zurück. Ich erklärte ihr aber, daß ich der König von Spanien bin. Ich sagte ihr nur, daß ihr ein Glück bevorstehe, wie sie es sich gar nicht vorstellen könne, und daß wir trotz der Ränke der Feinde zusammenkommen werden. Ich wollte sonst nichts mehr sagen und ging hinaus. Oh, wie heimtückisch ist doch so ein Weib! Ich habe erst jetzt begriffen, was das Weib ist. Bisher hat noch niemand gewußt, in wen es verliebt ist; erst ich habe es entdeckt. Das Weib ist in den Teufel verliebt. Jawohl, ich meine es ganz ernst. Die Physiker schreiben dummes Zeug, wenn sie behaupten, sie sei dies und jenes; sie liebt aber nur den Teufel. Sehen Sie, wie sie aus der Loge im ersten Rang ihre Lorgnette auf jemand richtet. Sie glauben wohl, sie betrachte diesen dicken Herrn mit den Ordenssternen?

Keine Spur: sie blickt auf den Teufel, der hinter dem Rücken des Dicken steht. Da hat er sich in seinen Frack versteckt. Da winkt er ihr von dort aus mit dem Finger! Und sie wird ihn heiraten, sie wird ihn ganz gewiß heiraten. Auch alle diese hohen Herrn, die Väter, die sich wie Aale winden und zum Hofe streben, welche sagen, sie seien Patrioten und dies und jenes; diese Patrioten wollen nur staatliche Ländereien in Pacht bekommen! Sie sind imstande, Vater und Mutter und selbst Gott zu verkaufen, diese ehrgeizigen Christusverkäufer! Es ist nichts als Ehrgeiz, und der Ehrgeiz kommt daher, weil sich unter der Zunge ein kleines Bläschen befindet und in diesem Bläschen ein kleines Würmchen, so groß wie ein Stecknadelkopf, sitzt; und dies alles macht ein gewisser Barbier, der in der Gorochowaja wohnt. Ich kann mich auf seinen Namen nicht besinnen; es ist aber als sicher bekannt, daß er in Gemeinschaft mit einer Hebamme den mohammedanischen Glauben über die ganze Welt verbreiten will; man sagt ja, daß sich in Frankreich schon der größte Teil der Bevölkerung zum Glauben Mohammeds bekennt.

Gar kein Datum

Der Tag hatte kein Datum

Ich ging heute auf dem Newskij-Prospekt spazieren. Seine Majestät der Kaiser fuhr vorbei. Alle Leute zogen die Mützen, und ich tat es auch; dabei ließ ich mir es jedoch nicht anmerken, daß ich der König von Spanien bin. Ich hielt es für unpassend, mich hier in Gegenwart aller erkennen zu geben, denn zuerst muß ich mich doch bei Hofe vorstellen. Mich hielt nur das eine zurück, daß ich bisher noch kein spanisches Nationalkostüm habe. Wenn ich doch wenigstens einen Königsmantel hätte. Ich hätte ihn mir von einem Schneider machen lassen, aber diese Schneider sind die reinen Esel; außerdem vernachlässigen sie ihr Handwerk, geben sich mit anderen Affären ab und pflastern zum größten Teil die Straßen.

Ich habe mich entschlossen, mir den Königsmantel aus meinem neuen Uniformfrack zu machen, den ich erst zweimal getragen habe. Damit diese Schurken ihn nicht verderben, beschloß ich, ihn mir selbst hinter verschlossenen Türen zu nähen, so daß es niemand sieht. Ich zerschnitt den ganzen Frack mit der Schere, denn der Schnitt muß ein ganz anderer sein.

Auf das Datum besinne ich mich nicht. Einen Monat gab es auch nicht. Weiß der Teufel, was es war.

Der Mantel ist vollkommen fertig. Als ich ihn mir umwarf, schrie Mawra auf. Aber ich kann mich noch nicht entschließen, mich bei Hofe vorzustellen, die Deputation aus Spanien ist noch immer nicht da. Ohne die Deputierten geht es nicht: so wird mir jedes Gewicht meiner Würde fehlen. Ich erwarte sie von Stunde zu Stunde.

Den 1.

Ich wundere mich über die Saumseligkeit der Deputierten. Was für Gründe mögen sie aufgehalten haben? Vielleicht Frankreich? Ja, Frankreich ist wohl die mißgünstigste Macht. Ich ging auf die Post und erkundigte mich, ob die spanischen Deputierten eingetroffen seien; der Postmeister ist aber furchtbar dumm, er weiß von nichts. »Nein«, sagte er, »es gibt hier keine spanischen Deputierten, wenn Sie aber einen Brief schreiben wollen, so nehmen wir ihn nach dem festgesetzten Tarif an.« Hol's der Teufel, was brauche ich einen Brief? Ein Brief ist Unsinn. Briefe schreiben nur die

Apotheker, und auch das nur, nachdem sie sich die Zunge mit Essig befeuchtet haben: sonst könnte man leicht Flechten auf dem ganzen Gesicht kriegen.

Madrid, den 30. Februarius

So bin ich nun in Spanien, und es geschah so schnell, daß ich kaum Zeit hatte, zu mir zu kommen. Heute früh erschienen bei mir die spanischen Deputierten, und ich stieg mit ihnen in die Equipage. Die ungewöhnliche Schnelligkeit kam mir befremdend vor. Wir fuhren so schnell, daß wir schon nach einer halben Stunde die Grenze Spaniens erreichten. Übrigens gibt es jetzt in ganz Europa Eisenbahnen, und auch die Dampfer fahren sehr schnell. Ein sonderbares Land, dieses Spanien! Als wir ins erste Zimmer traten, erblickte ich eine Menge Menschen mit rasierten Schädeln. Ich erriet jedoch gleich, daß das Granden oder Soldaten sein müssen, weil diese sich die Köpfe rasieren. Sehr merkwürdig kam mir das Benehmen des Reichskanzlers vor, der mich an der Hand hereinführte; er stieß mich in ein kleines Zimmer und sagte: »Sitz hier, und wenn du dich König Ferdinand nennen wirst, so werde ich dir jede Lust dazu austreiben.« Ich wußte aber, daß es nur eine Versuchung war, und antwortete ihm verneinend, worauf mich der Kanzler zweimal mit dem Stock auf den Rücken schlug, und zwar so schmerzhaft, daß ich beinahe aufgeschrieen hätte; ich beherrschte mich aber, da ich mich erinnerte, daß es ein Ritterbrauch ist, jeden, der ein hohes Amt antritt, zu schlagen; in Spanien werden nämlich die Rittersitten auch heute noch beobachtet. Als ich allein geblieben war, beschloß ich, mich den Staatsgeschäften zu widmen. Ich machte die Entdeckung, daß China und Spanien das gleiche Land sind und nur aus Unbildung für verschiedene Länder gehalten werden. Ich empfehle einem jeden, das Wort Spanien auf ein Blatt Papier zu schreiben; es wird nämlich China daraus werden. Mich betrübte aber außerordentlich ein Ereignis, das morgen stattfinden soll. Morgen um sieben Uhr wird sich etwas sehr Merkwürdiges ereignen: die Erde wird sich auf den Mond setzen. Auch der berühmte englische Chemiker Wellington schreibt darüber. Offen gestanden, empfand ich eine Unruhe im Herzen, als ich an die außerordentliche Zartheit und Zerbrechlichkeit des Mondes dachte. Der Mond wird ja gewöhnlich in Hamburg gemacht, und zwar sehr schlecht. Ich wundere mich, daß England nicht darauf aufmerksam geworden ist. Ein lahmer Böttcher hat ihn hergestellt, und der dumme Kerl hat offenbar keine Ahnung vom Monde gehabt. Er nahm dazu ein geteertes Seil und einen Teil Baumöl; darum verbreitet sich über die Erde ein solcher Gestank, daß man sich die Nase zuhalten muß. Darum ist auch der Mond selbst eine so zarte Kugel, daß die Menschen auf ihm unmöglich leben können; es leben dort nur die Nasen allein. Darum können wir auch unsere Nasen nicht sehen, weil sie sich alle auf dem Monde befinden. Und als ich mir dachte, daß die Erde eine schwere Materie ist und, wenn sie sich auf den Mond setzt, alle unsere Nasen zu Mehl zermalmen kann, bemächtigte sich meiner eine solche Unruhe, daß ich Strümpfe und Schuhe anzog und in den Saal des Reichsrats eilte, um der Polizei den Befehl zu geben, es nicht zuzulassen, daß die Erde sich auf den Mond setze. Die rasierten Granden, von denen ich im Saale des Reichsrates eine große Menge traf, waren sehr kluge Menschen; als ich ihnen sagte: »Meine Herren, retten wir doch den Mond, denn die Erde will sich auf ihn setzen!« – so eilten alle augenblicklich, meinen königlichen Wunsch auszuführen, und viele kletterten die Wand hinauf, um den Mond herunterzuholen; in diesem Augenblick trat aber der Reichskanzler herein. Als sie ihn sahen, liefen alle davon. Ich blieb als König allein zurück. Der Kanzler schlug mich aber zu meinem Erstaunen mit dem Stock und jagte mich in mein Zimmer. Eine solche Macht haben in Spanien die Volkssitten!

Januar desselben Jahres, der auf den Februarius folgt

Ich kann noch immer nicht verstehen, was für ein Land dieses Spanien ist. Die Volkssitten und die Hofetikette sind hier ganz ungewöhnlich. Ich verstehe nichts, ich verstehe nichts, ich verstehe gar nichts. Heute hat man mir den Schädel rasiert, obwohl ich, so laut ich konnte, schrie, ich wolle kein Mönch werden.

Aber ich kann mich nicht mehr erinnern, was mit mir geschah, als man anfing, mir kaltes Wasser auf den Kopf zu gießen. Solche Höllenqualen habe ich noch nie empfunden. Ich war nahe daran, rasend zu werden, so daß man mich nur mit Mühe festhalten konnte. Ich kann die Bedeutung dieser sonderbaren Sitte nicht begreifen. Eine dumme, unsinnige Sitte! Mir ist die Unvernunft der Könige, die sie bisher noch nicht abgeschafft haben, unverständlich. Ich glaube, daß ich allem Anscheine nach in die Hände der Inquisition gefallen bin und daß der Mann, den ich für den Kanzler gehalten, der Großinquisitor selbst ist. Aber ich kann noch immer nicht verstehen, wie der König der Inquisition verfallen konnte. Allerdings kann hier Frankreich die Hand im Spiele haben, und insbesondere Polignac. Was für eine Bestie ist doch dieser Polignac! Er hat geschworen, mir bis an mein Lebensende zu schaden. Und so verfolgt er mich unaufhörlich; aber ich weiß, Freund, daß dich England anstiftet. Die Engländer sind große Politiker. Sie haben überall ihre Hand im Spiele. Das weiß die ganze Welt: wenn England Tabak schnupft, so muß Frankreich niesen.

Den 25.

Heute kam der Großinquisitor wieder in mein Zimmer, aber als ich seine Schritte in der Ferne vernahm, verkroch ich mich unter einen Stuhl. Als er mich nicht im Zimmer sah, fing er an, mich laut zu rufen. Erst schrie er: »Poprischtschin!« – Ich gab keinen Ton von mir. Dann »Aksentij Iwanowitsch! Titularrat! Edelmann!« – Ich schwieg noch immer. – »Ferdinand VIII., König von Spanien!« – Ich wollte schon den Kopf hinausstecken, sagte mir aber: – Nein, Bruder, du führst mich nicht an! Ich kenne dich: du wirst mir wieder kaltes Wasser auf den Kopf gießen. – Aber er entdeckte mich und jagte mich mit dem Stock unter dem Stuhle hervor. Dieser verdammte Stock tut furchtbar weh. Dafür hat mich jedoch die Entdeckung, die ich heute machte, entlohnt: ich erfuhr, daß jeder Hahn sein Spanien hat, es befindet sich in seinem Gefieder, in der Nähe des Schwanzes. Der Großinquisitor verließ mich aber erbost und mir irgendeine Strafe androhend. Ich achte aber nicht auf seine ohnmächtige Wut, denn ich weiß, daß er nur wie eine Maschine, als ein Werkzeug Englands handelt.

Da 34tum Mon. Ihra Februar 349

Nein, ich kann es nicht länger ertragen. Gott, was machen sie mit mir! Sie gießen mir kaltes Wasser auf den Kopf! Sie sehen nicht auf mich, sie hören nicht auf mich. Was habe ich ihnen getan? Warum quälen sie mich so? Was wollen sie von mir Armem? Was kann ich ihnen geben? Ich habe nichts. Ich habe keine Kraft, ich kann alle diese Qualen nicht ertragen, mein Kopf brennt, und alles wirbelt vor meinen Augen. Rettet mich! Nehmt mich von hier fort! Gebt mir ein Dreigespann, so schnell wie der Wind! Steig ein, Kutscher, klinge, mein Glöckchen, schwingt euch auf, Pferde, und tragt mich aus dieser Welt fort! Weiter, immer weiter, daß ich nichts mehr sehe. Da ballt sich der Himmel vor mir zu Wolken; ein Sternchen funkelt in der Ferne; der Wald mit den dunklen Bäumen und dem Monde jagt an mir vorbei; blaugrauer Nebel breitet sich zu meinen Füßen aus; eine Saite klingt im Nebel; auf der einen Seite liegt das Meer, auf der anderen Italien; da lassen sich auch russische Bauernhäuser erkennen. Ist es nicht mein Haus, das dort in der blauen Ferne sichtbar wird? Sitzt nicht meine Mutter am Fenster? Mütterchen, rette deinen armen Sohn! Lasse eine Träne auf seinen kranken Kopf fallen! Schau, wie sie ihn quälen! Drücke diesen Armen, Verlassenen an deine Brust! Es ist kein Platz für ihn auf dieser Welt! Man hetzt ihn herum! Mütterchen, erbarme dich deines kranken Kindes! … Wißt ihr übrigens, daß der Bei von Algier eine Beule unter der Nase hat? …

Die Nase

I

Am 25. März geschah in Petersburg etwas ungewöhnlich Seltsames. Der Barbier Iwan Jakowlewitsch, der auf dem Wosnessenskij-Prospekt wohnte (sein Familienname ist in Vergessenheit geraten und selbst auf seinem Ladenschilde, das einen Herrn mit einer eingeseiften Wange und der Inschrift: »Und wird auch zur Ader gelassen« darstellt, nicht erwähnt), der Barbier Iwan Jakowlewitsch erwachte ziemlich früh am Morgen und roch den Duft von warmem Brot. Er setzte sich im Bette auf und sah, wie seine Gattin, eine recht ehrenwerte Dame, die sehr gerne Kaffee trank, frischgebakkene Brote aus dem Ofen nahm.

»Heute möchte ich keinen Kaffee, Praskowja Ossipowna,« sagte Iwan Jakowlewitsch, »statt dessen möchte ich warmes Brot mit Zwiebeln.« (Das heißt, Iwan Jakowlewitsch wollte wohl das eine und das andere, er wußte aber, daß es unmöglich war, beides auf einmal zu verlangen, denn Praskowja Ossipowna mochte solche Launen nicht.) – Soll nur der Dummkopf Brot essen, umso besser für mich, – sagte sich die Gattin: – so bleibt mehr Kaffee für mich übrig. – Und sie warf ein Brot auf den Tisch.

Iwan Jakowlewitsch zog des Anstandes halber einen Frack über sein Hemd, setzte sich an den Tisch, nahm etwas Salz, schnitt zwei Zwiebeln zurecht, ergriff das Messer, machte eine wichtige Miene und begann das Brot zu zerteilen. Als er es in zwei Hälften geschnitten hatte, blickte er hinein und sah darin zu seinem Erstaunen etwas Weißliches. Iwan Jakowlewitsch kratzte vorsichtig mit dem Messer und tastete mit dem Finger. – Es ist etwas Festes, – sagte er sich, was kann es sein?

Er bohrte mit den Fingern und zog eine Nase heraus! … Iwan Jakowlewitsch ließ die Hände sinken; er fing an, sich die Augen zu reiben und es zu betasten: eine Nase, tatsächlich eine Nase! Sie kam ihm sogar bekannt vor. Iwan Jakowlewitschs Gesicht zeigte Entsetzen. Dieses Entsetzen war aber nichts im Vergleich mit der Empörung, die sich seiner Gattin bemächtigte.

»Wo hast du diese Nase abgeschnitten, du Unmensch?« schrie sie ihn wütend an. »Verbrecher! Trunkenbold! Ich selbst werde dich bei der Polizei anzeigen. Du Räuber! Drei Herren haben mir schon gesagt, daß du beim Rasieren so heftig an den Nasen ziehst, daß sie fast abreißen.«

Iwan Jakowlewitsch war aber mehr tot als lebendig: er erkannte, daß die Nase dem Kollegien-Assessor Kowaljow gehörte, den er jeden Mittwoch und Samstag zu rasieren pflegte.

»Halt, Praskowja Ossipowna! Ich will sie in einen Lappen einwickeln und in die Ecke legen: sie wird dort eine Zeitlang liegen, und dann trage ich sie weg.«

»Ich will davon nichts wissen! Niemals werde ich dulden, daß in meiner Wohnung eine abgeschnittene Nase herumliegt! … Du angebrannter Zwieback, du! Du kannst nur mit dem Messer auf dem Streichriemen herumfahren, wirst aber bald deine Pflichten nicht mehr erfüllen können, du Taugenichts, du Vagabund! Soll ich mich vielleicht deinetwegen vor der Polizei verantworten? … Du Schmierfink, du Dummkopf! Hinaus mit ihr, hinaus! Trag sie, wohin du willst! Daß ich von ihr nicht mehr höre!«

Iwan Jakowlewitsch stand wie zerschmettert da. Er überlegte und überlegte und wußte nicht, was er sich denken sollte. »Weiß der Teufel, wie das nur möglich ist,« sagte er endlich und kratzte sich hinter dem Ohre: »Ob ich gestern betrunken heimgekommen bin oder nicht, weiß ich nicht mehr. Es scheint doch eine außergewöhnliche Sache zu sein, denn das Brot ist etwas Gebackenes, die Nase aber etwas ganz anderes. Ich kann gar nichts verstehen!«

Iwan Jakowlewitsch verstummte. Der Gedanke, daß die Polizei bei ihm die Nase entdecken und ihn zur Verantwortung ziehen könnte, bedrückte ihn furchtbar. Ihm schwebte schon ein roter, schön mit Silber gestickter Kragen und ein Degen vor … und er bebte am ganzen Leibe. Endlich griff er nach seinen Unterkleidern und seinen Stiefeln, zog sich an, wickelte die Nase, unter gewichtigen Ermahnungen Praskowja Ossipownas, in einen Lappen und trat auf die Straße.

Er wollte sie entweder irgendwo liegen lassen, zum Beispiel auf einem Pfosten vor einem Tore, oder sie wie zufällig verlieren und dann in eine Seitengasse einbiegen. Er begegnete aber unglücklicherweise Bekannten, die ihn sofort fragten: »Wohin gehst du?« oder: »Wen willst du so früh rasieren?,« und Iwan Jakowlewitsch konnte keinen geeigneten Augenblick erwischen. Einmal hatte er die Nase schon verloren, aber ein Schutzmann winkte ihm von weitem mit der Hellebarde und sagte: »Heb auf, was du weggeworfen hast!« Iwan Jakowlewitsch mußte die Nase aufheben und in die Tasche stecken. Ihn überfiel Verzweiflung, umso mehr, als das Publikum auf der Straße beständig zunahm, je mehr Geschäfte und Läden geöffnet wurden.

Er beschloß, zu der Isaaksbrücke zu gehen: vielleicht gelingt es ihm, die Nase in die Newa zu werfen? … Aber ich fühle mich schuldig, weil ich noch gar nichts über Iwan Jakowlewitsch, diesen in vielen Beziehungen ehrenwerten Menschen, gesagt habe.

Iwan Jakowlewitsch war wie jeder ordentliche russische Handwerker ein furchtbarer Trunkenbold und, obwohl er jeden Tag fremde Bärte rasierte, immer unrasiert. Der Frack Iwan Jakowlewitschs (Iwan Jakowlewitsch trug niemals einen gewöhnlichen Rock) war gescheckt, das heißt schwarz, voller gelblichbrauner und grauer Flecken; der Kragen glänzte, und an Stelle von drei Knöpfen waren nur Fädchen zu sehen. Iwan Jakowlewitsch war ein großer Zyniker, und wenn der Kollegien-Assessor Kowaljow ihm beim Rasieren sagte: »Deine Hände stinken immer, Iwan Jakowlewitsch!,« so antwortete Iwan Jakowlewitsch mit der Frage: »Warum sollten sie stinken?« – »Ich weiß es nicht, mein Bester, aber sie stinken,« entgegnete der Kollegien-Assessor, worauf ihm Iwan Jakowlewitsch, nachdem er eine Prise genommen, die Wangen und die Stellen unter der Nase, hinter den Ohren und unter dem Kinne, kurz alles, was ihm einfiel, einseifte.

Dieser ehrenwerte Bürger stand schon auf der Isaaksbrücke. Er sah sich um, beugte sich dann über das Geländer, als ob er sehen wollte, ob viele Fische unter der Brücke schwimmen, und warf das Läppchen mit der Nase vorsichtig ins Wasser. Es war ihm, als hätte er sich von einer Last von zehn Pud befreit. Iwan Jakowlewitsch lächelte. Statt sich auf den Weg zu machen, um die Beamten zu rasieren, ging er auf ein Lokal mit der Inschrift »Speisen und Tee« auf dem Schilde zu, um sich dort ein Glas Punsch geben zu lassen, als er plötzlich am Ende der Brücke einen Revieraufseher von vornehmem Aussehen, mit breitem Backenbart, einem Dreimaster und einem Degen stehen sah. Iwan Jakowlewitsch erstarrte, aber der Revieraufseher winkte ihm mit dem Finger und sagte: »Komm mal her, mein Bester!« Iwan Jakowlewitsch wußte, was sich gehört: er zog schon von weitem die Mütze, kam schnell heran und sagte: »Ich begrüße Euer Wohlgeboren!«

»Nein, nein, Bruder, nichts von Wohlgeboren, sag mir lieber, was du dort auf der Brücke gemacht hast!«

»Bei Gott, Herr, ich ging zum Rasieren und wollte nur nachsehen, ob das Wasser schnell fließt.«

»Du lügst, du lügst, so kommst du mir nicht davon. Antworte bitte!«

»Ich will Euer Gnaden zwei-, sogar dreimal in der Woche unentgeltlich rasieren,« antwortete Iwan Jakowlewitsch.

»Nein, Freund, das sind Dummheiten! Ich werde schon so von drei Barbieren rasiert, und sie rechnen sich dies zur Ehre an. Sag mir lieber, was du dort getan hast!«

Iwan Jakowlewitsch erbleichte ... Hier hüllen sich aber die Geschehnisse in einen Nebel, und es ist vollkommen unbekannt, was da weiter geschah.

II

Der Kollegien-Assessor Kowaljow erwachte ziemlich früh und machte mit seinen Lippen »Brrr ... ,« wie er es stets beim Erwachen tat, ohne den Grund dafür angeben zu können. Kowaljow streckte sich und ließ sich den kleinen Spiegel geben, der auf dem Tische stand. Er wollte sich den Pickel ansehen, der am Tage vorher auf seiner Nase erblüht war; zu seinem größten Erstaunen sah er aber an Stelle der Nase eine vollkommen glatte Fläche! Kowaljow erschrak, ließ sich Wasser geben und rieb sich die Augen mit dem Handtuch: die Nase war wirklich weg! Er fing an, die Stelle mit der Hand zu befühlen, kniff sich auch ins Fleisch, um festzustellen, ob er nicht schlafe: nein, er schlief wohl nicht. Der Kollegien-Assessor Kowaljow sprang aus dem Bette und schüttelte sich – die Nase war noch immer weg! … Er ließ sich sofort seine Kleider geben und machte sich auf den Weg, direkt zum Ober-Polizeimeister.

Indessen muß ich aber einiges über Kowaljow sagen, damit der Leser erfahre, welcher Art Kollegien-Assessor er war. Die Kollegien-Assessoren, die diesen Grad dank ihren Bildungszeugnissen erlangen, lassen sich gar nicht mit den Kollegien-Assessoren vergleichen, die es im Kaukasus geworden sind. Es sind zwei völlig verschiedene Arten. Die gebildeten Kollegien-Assessoren … Rußland ist aber ein sehr merkwürdiges Land, und wenn man etwas über einen Kollegien-Assessor sagt, so werden es alle Kollegien-Assessoren von Riga bis Kamtschatka unbedingt auf sich beziehen; ebenso ist es auch mit allen anderen Titeln und Graden. Kowaljow war ein kaukasischer Kollegien-Assessor. Er bekleidete diesen Rang erst seit zwei Jahren und mußte daher immer daran denken; um sich noch mehr Ansehen und Gewicht zu verleihen, nannte er sich niemals einfach Kollegien-Assessor, sondern stets Major. »Hör mal, meine Liebe,« sagte er zu einem Weibe, das auf der Straße Vorhemden feilbot: »Komm zu mir in die Wohnung; ich wohne in der Ssadowajastraße, und frage bloß nach dem Major Kowaljow – ein jeder wird es dir zeigen.« Begegnete er aber einer jungen Schönen, so gab er ihr außerdem einen geheimen Auftrag und fügte hinzu: »Frag nur nach der Wohnung des Majors Kowaljow, mein Kind!« Aus diesem Grunde wollen auch wir den Kollegien-Assessor in Zukunft Major nennen.

Der Major Kowaljow pflegte jeden Tag auf dem Newskij-Prospekt spazieren zu gehen. Sein Hemdkragen war stets außerordentlich sauber und sorgfältig gestärkt. Sein Backenbart war von jener Art, wie ihn auch jetzt noch die Gouvernements – und Kreislandmesser, die Architekten und Regimentsärzte, auch die Beamten für verschiedene Aufträge tragen, überhaupt alle Männer, die volle und rote Wangen haben und sehr gut Boston spielen: dieser Backenbart geht mitten durch die Wange und reicht bis zu der Nase. Der Major Kowaljow trug an seiner Uhrkette eine Menge von Petschaften aus Karneol, die teils Wappen und teils Inschriften trugen, wie »Mittwoch,« »Donnerstag,« »Montag« und so weiter. Der Major Kowaljow war nach Petersburg in Geschäften gekommen, und zwar, um eine seinem Grade entsprechende Stellung zu suchen: womöglich das Amt eines Vize-Gouverneurs, sonst aber das eines Exekutors an irgendeinem angesehenen Departement. Der Major Kowaljow war auch gar nicht abgeneigt zu heiraten, aber nur in dem Falle, wenn die Braut zweihunderttausend Rubel mitbekäme. Nun kann der Leser selbst urteilen, wie es diesem Major zumute war, als er statt seiner recht hübschen und mäßig großen Nase eine ganz dumme, glatte Fläche gewahrte. Zum Unglück ließ sich keine einzige Droschke auf der Straße blicken, und so mußte er zu Fuß gehen, in seinen Mantel gehüllt, das Gesicht mit dem Taschentuch verdeckt, als ob er Nasenbluten hätte. – Vielleicht ist es mir nur so vorgekommen: es kann ja nicht sein, daß die Nase so dumm verschwindet – dachte er sich und trat in eine Konditorei, um einen Blick in den Spiegel zu werfen. Glücklicherweise waren in der Konditorei keine Besucher; die Kellner kehrten die Stuben und stellten die Stühle auf; andere, mit verschlafenen Augen, trugen heiße

Pasteten herein; auf den Tischen und Stühlen lagen die mit Kaffee begossenen Zeitungen vom gestrigen Tage. »Gott sei Dank, es ist niemand da,« sagte er, »nun kann ich in den Spiegel schauen.« Er ging ängstlich zum Spiegel und blickte hinein. »Teufel, so eine Gemeinheit!« sagte er und spie aus. »Wenn doch an Stelle der Nase wenigstens etwas anderes wäre, aber so nichts, gar nichts! ... «

Er biß die Zähne verdrießlich zusammen und trat aus der Konditorei auf die Straße, entschlossen, entgegen seiner Gepflogenheit niemand anzusehen und niemand zuzulächeln. Plötzlich blieb er wie angewurzelt vor der Einfahrt eines Hauses stehen; vor seinen Augen geschah etwas Unfaßbares: vor der Einfahrt hielt eine Equipage, der Schlag wurde geöffnet, ein Herr in Uniform sprang gebückt aus dem Wagen und eilte die Treppe hinauf. Wie groß war der Schreck und zugleich das Erstaunen Kowaljows, als er in ihm seine eigene Nase erkannte! Bei diesem ungewöhnlichen Anblick drehte sich alles vor seinen Augen um; er fühlte, daß er kaum noch stehen könne; aber er entschloß sich, koste es, was es wolle, zu warten, bis jener wieder in die Equipage steigen würde; dabei bebte er am ganzen Leibe wie im Fieber. Nach zwei Minuten trat die Nase wieder aus dem Hause. Sie trug eine goldgestickte Uniform mit hohem Stehkragen, Beinkleider aus Sämischleder und einen Degen an der Seite. An dem Hut mit dem Federbusch konnte man ersehen, daß sie im Range eines Staatsrates stand. Alles wies darauf hin, daß sie gerade Besuche machte. Sie sah nach rechts und nach links, rief dem Kutscher: »Fahr zu!,« stieg ein und fuhr davon.

Der arme Kowaljow war beinahe von Sinnen. Er wußte nicht, was er von einem so seltsamen Ereignis denken sollte. Wie war es bloß möglich, daß die Nase, die sich noch gestern in seinem Gesicht befunden hatte und die weder fahren noch gehen konnte, eine Uniform trug! Er lief der Equipage nach, die glücklicherweise nicht weit fuhr und vor dem Kaufhause hielt.

Er stürzte ins Kaufhaus und drängte sich durch die Reihe alter Bettelweiber mit verbundenen Gesichtern und zwei Löchern für die Augen, über die er sich früher so oft lustig gemacht hatte. Im Kaufhause waren nur wenig Leute. Kowaljow war so aufgeregt, daß er keinen Entschluß fassen konnte und nur nach jenem Herrn ausspähte; endlich sah er ihn vor einem Laden stehen. Die Nase hielt ihr Gesicht in dem hohen Stehkragen verborgen und betrachtete mit tiefem Interesse irgendwelche Waren.

– Wie soll ich sie ansprechen? – dachte sich Kowaljow. – An allem, an der Uniform und dem Hut ist zu erkennen, daß sie im Range eines Staatsrates steht. Weiß der Teufel, wie man das macht! – Er fing an, zu hüsteln; die Nase verharrte aber in ihrer Stellung.

»Mein Herr,« sagte Kowaljow, sich innerlich Mut zusprechend: »Mein Herr … «

»Was wünschen Sie?« fragte die Nase, indem sie sich umdrehte.

»Es erscheint mir so merkwürdig, mein Herr … ich denke … Sie sollten doch wissen, wo Sie hingehören. Plötzlich finde ich Sie, und wo? … Sie werden doch zugeben … «

»Verzeihen Sie, ich kann unmöglich verstehen, wovon Sie sprechen … Fassen Sie sich bitte klarer.«

– Wie soll ich es ihr klar machen? dachte sich Kowaljow. Dann faßte er sich ein Herz und begann: »Ich kann natürlich … übrigens bin ich Major. Sie werden doch zugeben, daß es sich für mich nicht schickt, ohne Nase zu sein. Eine Händlerin, die auf der Woskressenskij-Brücke geschälte Orangen verkauft, kann sich noch ohne Nase behelfen; aber ich, der ich die Aussicht auf eine Anstellung habe … und außerdem in vielen Häusern verkehre und mit Damen bekannt bin: mit der Frau Staatsrat Tschechtarjowa und anderen … Urteilen Sie selbst … Ich weiß nicht, mein Herr (bei diesen Worten zuckte der Major Kowaljow die Achseln) … verzeihen Sie … wenn man es vom Standpunkte des Pflichtbewußtseins und des Ehrgefühls ansieht … Sie können es selbst verstehen … «

»Ich verstehe gar nichts,« antwortete die Nase. »Fassen Sie sich klarer.«

»Mein Herr,« sagte Kowaljow mit Würde, »ich weiß nicht, wie ich Ihre Worte auffassen soll … Die ganze Angelegenheit erscheint mir doch klar … oder Sie wollen nicht … Sie sind doch meine eigene Nase!«

Die Nase sah den Major an und zog die Brauen zusammen.

»Sie täuschen sich, mein Herr: ich lebe ganz für mich. Außerdem können zwischen uns keinerlei intime Beziehungen bestehen. Nach den Knöpfen Ihrer Uniform zu schließen, gehören Sie zu einem ganz anderen Ressort.« Mit diesen Worten wandte sich die Nase von ihm weg.

Kowaljow war gänzlich verwirrt und wußte nicht, was er tun und sogar was er sich denken sollte. In diesem Augenblick hörte er das angenehme Rascheln eines Damenkleides: eine ältere Dame mit vielen Spitzen an der Toilette, näherte sich ihm, von einem jungen Mädchen gefolgt. Letztere trug ein weißes Kleid, das wunderschön auf ihrer schlanken Figur saß, und einen gelben Hut, so leicht wie ein Schaumkuchen.

Hinter ihnen stand ein baumlanger Haiduck mit mächtigem Backenbart und einem ganzen Dutzend von Mantelkragen.

Kowaljow kam näher. Er zog den Kragen seines Batisthemdes hervor, ordnete die Petschafte an seiner goldenen Uhrkette und wandte seine Aufmerksamkeit der graziösen jungen Dame zu, die gebeugt wie eine Frühlingsblume, das weiße Händchen mit den durchscheinenden Fingern an die Stirne führte. Kowaljow lächelte noch heiterer, als er unter ihrem Hut ein rundliches, schneeweißes Kinn und einen Teil der in der Farbe der ersten Frühlingsrosen leuchtenden Wange gewahrte; aber plötzlich prallte er zurück, wie wenn er sich verbrannt hätte. Er erinnerte sich, daß er an Stelle der Nase absolut nichts mehr hatte, und Tränen entströmten seinen Augen. Er drehte sich um, um dem Herrn in der Uniform zu sagen, daß er sich bloß als Staatsrat verstelle, daß er ein Spitzbube und ein Schuft sei und nichts weiter als seine eigene Nase … Die Nase war aber schon verschwunden: sie hatte sich verflüchtigt, wahrscheinlich um noch einige Besuche zu machen.

Dies versetzte Kowaljow in Verzweiflung. Er ging zurück und blieb eine Minute lang in der Säulenhalle stehen, gespannt nach allen Seiten blickend, ob er die Nase nicht wiederfinden würde. Er erinnerte sich sehr gut, daß sie einen mit Federn geschmückten Hut und eine goldgestickte Uniform trug; aber er hatte sich weder ihren Mantel, noch die Farbe der Equipage und der Pferde gemerkt und wußte sogar nicht, ob hinten ein Lakai und in was für einer Livree gestanden hatte. Außerdem fuhren hier so viele Equipagen und so schnell vorbei, daß es schwer war, sich eine zu merken; und selbst wenn er sie erkannt hätte, wäre es ihm unmöglich gewesen, sie anzuhalten. Der Tag war schön und sonnig. Auf dem Newskij-Prospekt wimmelte es von Menschen; eine ganze Blumenkaskade von Damen wogte über das Trottoir von der Polizei – bis zur Anitschkin-Brücke. Da sieht er einen ihm bekannten Hofrat, den er, besonders in Gegenwart von Fremden, Oberstleutnant zu titulieren pflegt. Da ist Jaryschkin, Abteilungsvorstand im Senat, ein guter Freund von ihm, der im Boston-Spiel immer verliert, wenn er acht spielt. Und da ist ein anderer Major, der seinen Assessorgrad im Kaukasus erworben hat und der ihn mit der Hand zu sich heranwinkt …

»Hol ihn der Teufel!« sagte Kowaljow:

»He, Kutscher, fahr mich direkt zum Polizeimeister!«

Kowaljow stieg in die Droschke und rief dem Kutscher jeden Augenblick zu: »Fahr so schnell du kannst!«

»Ist der Polizeimeister anwesend?« fragte er, in den Flur tretend.

»Zu Befehl, nein,« antwortete der Portier: »Der Herr Polizeimeister sind eben ausgefahren.«

»Was!«

»Jawohl,« fügte der Portier hinzu: »Es ist zwar noch nicht lange her, aber er ist ausgefahren; wären Sie um eine Minute früher gekommen, so hätten Sie ihn vielleicht noch erwischt.«

Kowaljow stieg, ohne das Taschentuch vom Gesicht zu nehmen, wieder in die Droschke und rief mit verzweifelter Stimme: »Fahr zu!«

»Wohin?« fragte der Kutscher.

»Geradeaus!«

»Wie, geradeaus … ? Hier müssen wir wenden: nach rechts oder nach links?« Diese Frage brachte Kowaljow zur Besinnung und zwang ihn, wieder nachzudenken. Er hätte sich wohl vor allem an die Polizeiverwaltung wenden müssen, nicht etwa weil seine Lage in irgendeiner direkten Beziehung zur Polizei stünde, sondern weil die letztere ihre Anordnungen schneller treffen könnte, als irgendein anderes Ressort. Genugtuung von dem Ressort zu verlangen, in dem die Nase, nach ihrer Behauptung, diente, wäre unklug gewesen, da man schon aus den eigenen Worten der Nase ersehen konnte, daß es für sie nichts Heiliges gab und sie auch in diesem Falle ebenso lügen würde, wie sie schon gelogen hatte, als sie behauptete, Kowaljow noch nie gesehen zu haben. Kowaljow wollte schon dem Kutscher den Befehl geben, zur Polizeiverwaltung zu fahren, als ihm wieder der Gedanke kam, daß dieser Gauner und Spitzbube, der sich schon bei der ersten Begegnung so gewissenlos benommen hatte, den günstigen Augenblick benützen und die Stadt verlassen könnte, – dann wäre alles Suchen vergebens, oder es könnte auch, Gott behüte, einen ganzen Monat dauern. Endlich gab ihm wohl der Himmel selbst einen guten Gedanken. Er beschloß, sich an die Zeitungsexpedition zu wenden und rechtzeitig eine Anzeige aufzugeben mit genauer Personalbeschreibung der Nase, damit jeder, der ihr begegnete, sie ihm wiederbringen oder wenigstens ihren Aufenthaltsort angeben könnte. Als er diesen Entschluß gefaßt hatte, befahl er dem Kutscher, nach der Zeitungsexpedition zu fahren; er bearbeitete während der ganzen Fahrt den Rücken des Kutschers mit der Faust und feuerte ihn an: »Schneller, du Spitzbube! Schneller, du Schurke!« – »Ach, Herr!« sagte der Kutscher, den Kopf schüttelnd und sein Pferd, das langhaarig wie ein Bologneser war, mit dem Zügel schlagend. Die Droschke hielt endlich, und Kowaljow stürzte atemlos in ein kleines Zimmer, wo ein grauhaariger

Beamter im alten Frack, mit einer Brille auf der Nase, hinter einem Tische saß und, einen Gänsekiel zwischen den Zähnen, die eingenommenen Kupfermünzen zählte.

»Wo gibt man hier Anzeigen auf?« rief Kowaljow. »Ah, guten Tag!«

»Meine Hochachtung!« entgegnete der grauhaarige Beamte, die Augen hebend. Dann richtete er sie wieder auf die Geldhaufen.

»Ich habe eine Anzeige … «

»Entschuldigen Sie, wollen Sie bitte etwas warten,« sagte der Beamte, indem er mit der Rechten eine Zahl auf das Papier schrieb und mit dem Finger der Linken zwei Kugeln auf dem Rechenbrett verschob. Ein galonierter Lakai von einem recht sauberen Äußeren, das von einer langen Dienstzeit in einem aristokratischen Hause zeugte, stand mit einem Zettel in der Hand neben dem Tisch und hielt es für angebracht, seine Bildung zu zeigen: »Glauben Sie es mir, mein Herr, der Hund ist keine achtzig Kopeken wert, das heißt ich würde für ihn auch keine vier Kopeken geben, aber die Gräfin liebt ihn! Darum verspricht sie dem Finder hundert Rubel! Wenn man sich höflich ausdrücken will, wie zum Beispiel wir beide uns ausdrücken, so sind die Geschmäcker der Menschen ganz unberechenbar. Wenn man schon ein Hundeliebhaber ist, so halte man sich einen Jagdhund oder einen Pudel; man gebe fünfhundert Rubel aus, man gebe sogar tausend Rubel aus, dafür soll es aber ein guter Hund sein!«

Der ehrenwerte Beamte hörte ihm mit ernster Miene zu und zählte zugleich die Buchstaben auf dem Zettel, den der Lakai mitgebracht hatte. Rechts und links standen noch eine Menge alter Frauen, Handlungsgehilfen und Hausknechte mit Zetteln in den Händen. Auf einem dieser Zettel hieß es, daß ein nüchterner Kutscher von seinem Besitzer in fremde Dienste gegeben werde; in einem anderen wurde eine wenig benutzte, im Jahre 1814 aus Paris mitgebrachte Equipage feilgeboten; hier wurde ein leibeigenes Mädel von neunzehn Jahren, das waschen konnte und auch für andere Arbeiten taugte, ausgeschrieben; dort eine solide Droschke, an der eine der beiden Federn fehlte; ein junger, feuriger Apfelschimmel von siebzehn Jahren; neue, aus London bezogene Rüben- und Radieschensamen; ein Landgut mit allem Zubehör: mit einem Stall für zwei Pferde und einem Platz, auf dem man einen prachtvollen Birken- oder Tannengarten anlegen konnte; eine Anzeige über den Verkauf alter Stiefelsohlen nebst Aufforderung, sich zwischen 8 und 3 Uhr bei der Versteigerung derselben einzufinden. Das Zimmer, in dem sich diese ganze Gesellschaft befand, war klein und die Luft darin außerordentlich stickig; aber der Kollegien-Assessor Kowaljow konnte es nicht spüren, da er sich das Taschentuch vors Gesicht hielt und auch, weil seine Nase sich Gott weiß wo befand.

»Mein Herr, darf ich Sie bitten ... Ich habe Eile ... « sagte er schließlich mit Ungeduld.

»Gleich, gleich! ... Zwei Rubel dreiundvierzig Kopeken! ... Einen Augenblick! ... Ein Rubel vierundsechzig Kopeken!« sagte der grauhaarige Herr, indem er den alten Weibern und den Hausknechten die Zettel ins Gesicht warf. »Was wünschen Sie?« fragte er endlich, sich an Kowaljow wendend.

»Ich bitte ... « sagte Kowaljow: »es liegt ein Schwindel oder ein Betrug vor, ich weiß es noch nicht. Ich bitte Sie nur zu annoncieren, daß derjenige, der mir diesen Spitzbuben herbeischafft, eine beträchtliche Belohnung erhalten wird.«

»Darf ich Sie fragen: wie ist Ihr Familienname?«

»Nein, was brauchen Sie meinen Familiennamen? Ich kann ihn nicht angeben. Ich habe viele Bekannte: die Frau Staatsrat Tschechtarjowa, die Frau Stabsoffizier Pelageja Grigorjewna Podtotschina … Wenn sie es, Gott behüte, erfahren! Sie können einfach schreiben: ein Kollegien-Assessor oder noch besser: Ein Herr im Majorsrange.«

»Ist Ihnen ein Leibeigener entlaufen?«

»Ach was, Leibeigener! Das wäre noch keine so große Gemeinheit! Mir ist die … Nase ausgerückt …«

»Hm! Ein sonderbarer Familienname! Hat Sie dieser Herr Nase um eine große Summe bestohlen?«

»Das heißt die Nase … Sie haben mich nicht richtig verstanden! Die Nase, meine Nase ist unbekannt wohin verschwunden. Der Teufel hat mir einen Streich spielen wollen!«

»Ja, auf welche Weise ist sie verschwunden? Ich kann es nicht verstehen.«

»Auch ich kann Ihnen nicht sagen, auf welche Weise; das Wichtigste aber ist, daß sie jetzt in der Stadt umherfährt und sich Staatsrat tituliert. Darum bitte ich Sie zu annoncieren, daß derjenige, der sie einfangen sollte, sie mir unverzüglich bringen möchte. Bedenken Sie doch selbst: wie soll ich ohne diesen so wichtigen Körperteil leben? Das ist doch keine kleine Zehe, die im Stiefel steckt und deren Fehlen kein Mensch bemerkt. Ich bin jeden Donnerstag bei der Frau Staatsrat Tschechtarjowa; die Frau Stabsoffizier Pelageja Grigorjewna Podtotschina, – sie hat ein hübsches Töchterchen, – ist auch eine gute Bekannte von mir; urteilen Sie selbst, was soll ich jetzt machen … Ich kann mich doch bei diesen Damen unmöglich sehen lassen.«

Der Beamte überlegte sich den Fall: seine fest zusammengekniffenen Lippen wiesen darauf hin.

»Nein, ich kann eine solche Anzeige nicht einrücken,« sagte er endlich nach langem Schweigen.

»Wie? Warum?«

»So. Die Zeitung könnte um ihren guten Ruf kommen. Wenn jeder schreiben wollte, daß ihm seine Nase ausgerückt sei, so ... Man spricht auch so schon genug, daß viel zu viele sinnlose und falsche Gerüchte gedruckt werden.«

»Warum sollte denn diese Sache sinnlos sein? Ich kann es wirklich nicht einsehen ... «

»Sie können es nicht einsehen. Aber in der vorigen Woche hatten wir folgenden Fall. Es kam ein Beamter, genauso wie Sie jetzt kommen, und brachte einen Zettel mit einer Anzeige, für die ihm zwei Rubel dreiundsiebzig Kopeken berechnet wurden; die Anzeige lautete, daß ein schwarzer Pudel entlaufen sei. Man sollte doch meinen, es sei nichts dabei. Aber das Ganze war ein Pasquill: mit dem Pudel war der Kassierer, ich weiß nicht mehr welcher Behörde, gemeint.«

»Meine Anzeige handelt aber nicht von einem Pudel, sondern von meiner eigenen Nase; und das ist doch fast dasselbe, wie wenn sie von mir selbst handelte.«

Nein, eine solche Anzeige kann ich nicht aufnehmen.«

»Wenn ich aber wirklich die Nase verloren habe?«

»Wenn Sie sie verloren haben, so geht es einen Arzt an. Man sagt, es gäbe solche, die einem eine beliebige Nase ansetzen können. Ich sehe übrigens, daß Sie ein lustiger Herr sind und in Gesellschaft gern scherzen.«

»Ich schwöre Ihnen, bei Gott! Wenn es nicht anders geht, so will ich es Ihnen zeigen.«

»Warum die Mühe!« sagte der Beamte, indem er eine Prise nahm. Wenn es Ihnen übrigens keine Mühe macht,« fügte er neugierig hinzu, »so möchte ich es mir doch anschauen.«

Der Kollegien-Assessor nahm sich das Taschentuch vom Gesicht.

»In der Tat, sehr merkwürdig!« sagte der Beamte: »Die Stelle ist so vollkommen glatt wie ein frischgebackener Pfannkuchen. Ganz unwahrscheinlich glatt!«

»Nun, jetzt werden Sie wohl nicht mehr widersprechen? Nun sehen Sie selbst, daß Sie die Anzeige aufnehmen müssen. Ich werde Ihnen sehr dankbar sein und bin froh, daß diese Gelegenheit mir das Vergnügen verschafft hat, Sie kennenzulernen.« Der Major ließ sich, wie man daraus ersehen kann, zu einer gemeinen Schmeichelei herab.

»Abdrucken kann ich es wohl, das ist nicht schwer,« sagte der Beamte, »aber ich kann darin keinen Nutzen für Sie erblicken. Wenn Sie wollen, so lassen Sie es von jemand, der sich darauf versteht, als ein seltenes Naturereignis beschreiben und in der ›Nordischen Biene‹ veröffentlichen (hier nahm er wieder eine Prise), zur Belehrung der Jugend (er schneuzte sich), oder zur allgemeinen Unterhaltung.«

Der Kollegien-Assessor war nun ganz niedergeschlagen. Sein Blick fiel auf den unteren Teil des Zeitungsblattes, wo sich die Theateranzeigen befanden; er wollte schon lächeln, als er auf den Namen einer hübschen Schauspielerin stieß, und seine Hand fuhr schon in die Tasche, um nachzusehen, ob er noch einen blauen Lappen habe, da doch Personen im Stabsoffiziersrange seiner Meinung nach nur im Parkett sitzen dürfen; aber der Gedanke an die Nase verdarb alles!

Der Beamte selbst schien durch die schwierige Lage Kowaljows gerührt. Er wollte seinen Kummer wenigstens etwas lindern und hielt es für angebracht, seine Teilnahme in einigen Worten auszudrücken: »Es tut mir wirklich sehr leid, daß Ihnen so etwas passiert ist. Wollen Sie nicht eine Prise nehmen? Dies hilft gegen Kopfweh und Melancholie; selbst gegen Hämorrhoiden ist es gut.« Mit diesen Worten reichte der Beamte Kowaljow seine Tabaksdose, indem er den Deckel mit dem Bildnis einer hutgeschmückten Dame sehr geschickt aufklappte.

Diese unüberlegte Handlung brachte Kowaljow um seine Geduld. »Ich verstehe nicht, wie Sie jetzt spaßen können,« sagte er erregt: »Sehen Sie denn nicht, daß mir gerade das fehlt, womit ich schnupfen könnte? Hol der Teufel Ihren Tabak! Ich kann ihn gar nicht sehen, nicht nur Ihren schlechten Beresin-Tabak, sondern selbst wenn Sie mir einen echten Rapé angeboten hätten!« Mit diesen Worten verließ er tief gekränkt die Zeitungsexpedition und begab sich zum Polizeikommissär.

Kowaljow kam zum Polizeikommissär in dem Augenblick, als dieser sich streckte und sagte: »Ach, wie gut werde ich jetzt an die zwei Stunden schlafen!« Daraus kann man ersehen, daß der Kollegien-Assessor ihm ziemlich ungelegen kam. Der Polizeikommissär war ein Beschützer aller Künste und Handwerke, zog aber eine Reichsbanknote allen anderen Dingen vor. »Das ist ein Gegenstand,« pflegte er zu sagen, »es gibt nichts Besseres als diesen Gegenstand: er braucht nicht gefüttert zu werden, er nimmt wenig Platz ein, findet in jeder Tasche Unterkunft und zerbricht nicht, wenn man ihn fallen läßt.«

Der Polizeikommissär empfing Kowaljow ziemlich kühl und sagte, daß die Zeit nach dem Mittagessen für eine Untersuchung nicht geeignet sei; die Natur selbst hätte bestimmt, daß der Mensch nach dem Essen ausruhen müsse (der Kollegien-Assessor konnte daraus ersehen, daß dem Polizeikommissär die Aussprüche der Weisen des Altertums nicht unbekannt waren); einem ordentlichen Menschen werde aber niemand die Nase abbeißen.

Er traf damit den wundesten Punkt. Es ist zu bemerken, daß Kowaljow außerordentlich empfindlich war. Alles, was man über ihn selbst sagte, konnte er noch verzeihen, er vergab aber nichts, was seinen Titel oder Dienstgrad verletzte. Er glaubte sogar, daß in den Theaterstücken alles erlaubt sei, was sich auf die Subaltern-Offiziere bezieht, die Stabsoffiziere dürfe man aber in keiner Weise antasten. Der Empfang durch den Polizeikommissär verwirrte ihn so, daß er den Kopf schüttelte, die Hände etwas spreizte und, im Bewußtsein seiner Würde, erklärte: »Offen gestanden, habe ich nach so beleidigenden Äußerungen nichts mehr zu sagen ... « Und mit diesen Worten ging er.

Er kam nach Hause, müde und abgespannt. Es dunkelte schon. So traurig und häßlich erschien ihm seine Wohnung nach all diesem vergeblichen Suchen. Als er ins Vorzimmer trat, erblickte er auf dem schmutzigen Ledersofa seinen Lakai Iwan; er lag auf dem Rücken und spuckte an die Zimmerdecke, wobei er ziemlich geschickt immer die gleiche Stelle traf. Diese Gleichgültigkeit machte ihn rasend; er schlug ihn mit seinem Hute auf den Kopf und sagte: »Schwein, du machst doch auch immer Dummheiten!«

Iwan sprang sofort auf und beeilte sich, ihm aus dem Mantel zu helfen.

Der Major trat müde und traurig in sein Zimmer, ließ sich in einen Sessel sinken und sagte endlich, nachdem er einige Mal geseufzt hatte:

»Mein Gott! Mein Gott! Womit habe ich dieses Unglück verdient? Wenn mir ein Arm oder ein Bein fehlte, so wäre es immer noch besser; aber ohne die Nase ist der Mensch weiß der Teufel was: kein Vogel und kein Bürger, man möchte ihn einfach packen und zum Fenster hinauswerfen! Hätte man sie mir doch im Kriege abgeschnitten oder im Duell, oder hätte ich es selbst verschuldet; sie ist aber um nichts und wieder nichts verschwunden, ganz dumm! … Aber nein, es kann nicht sein,« fügte er nach einigem Nachdenken hinzu: »Es ist nicht wahrscheinlich, daß eine Nase verschwinden kann, es ist ganz unwahrscheinlich. Ich träume wohl, oder es kommt mir nur so vor; vielleicht habe ich aus Versehen statt Wasser den Branntwein getrunken, mit dem ich mir nach dem Rasieren das Kinn einreibe. Dieser dumme Iwan hat ihn nicht weggestellt, und so habe ich ihn wohl getrunken.« Um sich zu überzeugen, daß er nicht betrunken sei, kniff sich der Major so schmerzhaft ins Fleisch, daß er selbst aufschrie. Dieser Schmerz überzeugte ihn vollkommen davon, daß er im Wachen handle und lebe. Er trat vorsichtig vor den Spiegel und machte erst die Augen zu, in der Hoffnung, daß die Nase vielleicht doch noch auf ihrem Platze erscheinen werde; aber im gleichen Augenblick taumelte er zurück und sagte: »So eine Karikatur!«

Es war einfach unbegreiflich. Wenn ihm noch ein Knopf, ein silberner Löffel, eine Uhr oder etwas Ähnliches abhanden gekommen wäre, – aber so etwas und das in seiner eigenen Wohnung! … Der Major Kowaljow zog alle Umstände in Betracht und kam zum Schluß, das Wahrscheinlichste sei, daß die Frau Stabsoffizier Podtotschina, die ihn gerne zum Schwiegersohn haben wollte, die Schuld am Unglück trage. Er selbst machte wohl dieser Tochter gerne den Hof, vermied aber die Konsequenzen. Als die Frau Stabsoffizier ihm unumwunden erklärte, daß sie ihre Tochter mit ihm verheiraten wolle, zog er sich mit seinen Komplimenten vorsichtig zurück, unter der Behauptung, daß er zu jung sei und noch an die fünf Jahre dienen müsse, um genau zweiundvierzig Jahre alt zu werden. Darum hatte sich die Frau Stabsoffizier wohl aus Rachedurst entschlossen, sein Äußeres zu verunstalten, und dies irgendeiner alten Hexe bestellt; es war ja auf keine Weise anzunehmen, daß die Nase einfach abgeschnitten worden sei: niemand war in seinem Zimmer gewesen, und der Barbier Iwan Jakowlewitsch hatte ihn schon am Mittwoch rasiert; die Nase war aber am Mittwoch und sogar Donnerstag noch da – das wußte er sehr genau; außerdem hätte er doch einen Schmerz gespürt, und die Wunde wäre nicht so schnell zugeheilt und so glatt wie ein Pfannkuchen geworden. Er schmiedete Pläne: ob er die Frau Stabsoffizier in aller Form vors Gericht laden oder persönlich zu ihr gehen sollte, um sie zur Rechenschaft zu ziehen. Seine Gedanken wurden durch den Lichtschein unterbrochen, der in allen Ritzen der Türe aufleuchtete und ankündigte, daß Iwan die Kerze im Vorzimmer angezündet hatte. Bald erschien Iwan selbst mit der Kerze in der Hand, die das Zimmer hell beleuchtete. Die erste Bewegung Kowaljows war, das Taschentuch zu ergreifen und die Stelle zu verhüllen, wo sich noch gestern die Nase befunden hatte, damit der dumme Kerl nicht das Maul aufreiße, wenn er seinen Herrn in einem so sonderbaren Zustande sähe.

Iwan war noch nicht in seine Kammer gegangen, als im Vorzimmer eine unbekannte Stimme ertönte: »Wohnt hier der Kollegien-Assessor Kowaljow?«

»Treten Sie näher, der Major Kowaljow wohnt hier,« sagte

Kowaljow, indem er aufsprang und die Türe öffnete.

Herein trat ein Polizeibeamter von sympathischem Aussehen, mit einem nicht zu hellen und nicht zu dunklen Bakkenbart und ziemlich vollen Wangen; es war derselbe, der zu Beginn unserer Erzählung am Ende der Isaaksbrücke gestanden hatte.

»Sie haben Ihre Nase zu verlieren geruht?«

»Gewiß.«

»Sie ist gefunden worden.«

»Was sagen Sie?« rief der Major Kowaljow. Er war vor Freude sprachlos. Er starrte den vor ihm stehenden Revieraufseher an, auf dessen vollen Lippen und Wangen der helle Widerschein des Kerzenlichtes zitterte. »Auf welche Weise?«

»Auf eine höchst sonderbare Weise: man hat sie kurz vor ihrer Abreise erwischt. Sie stieg eben in die Postkutsche, um nach Riga zu fahren. Sie hatte auch schon längst einen auf den Namen irgendeines Beamten ausgestellten Paß in Händen. Merkwürdigerweise habe ich sie selbst erst für einen Herrn gehalten; zum Glück hatte ich aber meine Brille bei mir und merkte sofort, daß es eine Nase war. Ich bin ja kurzsichtig, und wenn Sie vor mir stehen, so sehe ich wohl, daß Sie ein Gesicht haben, kann aber die Nase und den Bart nicht unterscheiden. Meine Schwiegermutter, das heißt die Mutter meiner Frau, sieht ebenfalls nichts.«

Kowaljow geriet außer sich. »Wo ist sie denn? Wo? Ich will gleich hinlaufen.«

»Bemühen Sie sich bitte nicht. Ich wußte, daß Sie sie sehr vermissen, und habe sie darum gleich mitgebracht. Merkwürdig ist auch, daß der Hauptbeteiligte an dieser Sache der spitzbübische Barbier von dem Wosnessenskij-Prospekt ist, der bereits im Arrest sitzt. Ich hatte ihn schon längst der Trunksucht und Gaunerei verdächtigt; erst vorgestern hat er in einem Laden ein Dutzend Knöpfe gestohlen. Ihre Nase ist aber ganz unverändert.« Mit diesen Worten steckte der Revieraufseher die Hand in die Tasche und holte die in ein Papier eingewickelte Nase hervor.

»Ja, das ist sie!« rief Kowaljow. »Ja, das ist sie! Trinken Sie doch mit mir heute ein Täßchen Tee!«

»Ich würde es für eine große Ehre halten, aber es geht leider nicht: ich muß mich von hier sofort ins Zuchthaus begeben … Alle Lebensmittelpreise sind übrigens beträchtlich gestiegen … Ich habe aber meine Schwiegermutter, das heißt die Mutter meiner Frau, auf dem Halse und auch meine Kinder; der älteste berechtigt zu den schönsten Hoffnungen und ist sehr klug; aber ich habe gar keine Mittel, um ihm eine ordentliche Erzichung zu geben … «

Als der Revieraufseher gegangen war, verharrte der Kollegien-Assessor einige Minuten in einer seltsamen Gemütsverfassung und konnte fast nichts sehen oder fühlen: die plötzliche Freude hatte ihm fast das Bewußtsein geraubt. Er ergriff die wiedergefundene Nase vorsichtig mit beiden Händen und sah sie noch einmal aufmerksam an.

»Ja, das ist sie! Ja, das ist sie!« sagte Major Kowaljow. »Da ist auch das Pickelchen links, das sich gestern gezeigt hat.« Der Major lachte fast vor Freude. Aber auf dieser Welt ist nichts von Dauer, darum ist auch die Freude in der zweiten Minute niemals so lebhaft wie in der ersten; in der dritten Minute schwindet sie noch mehr und geht dann unmerklich in der gewöhnlichen Stimmung unter, wie auch der von einem ins Wasser geworfene Stein erzeugte Kreis schließlich auf der glatten Oberfläche verschwindet. Kowaljow wurde nachdenklich und begriff, daß die Sache noch nicht erledigt war: die Nase ist wohl wieder da, aber man muß sie noch auf ihren Platz setzen.

»Was, wenn sie nicht festsitzen wird?«

Bei dieser Frage, die er an sich selbst richtete, erbleichte der Major.

Mit einer unbeschreiblichen Angst stürzte er zum Tisch und rückte den Spiegel heran, um die Nase nicht schief anzusetzen. Seine Hände zitterten. Ganz vorsichtig hielt er sie an den alten Platz. Oh, Schrecken! Die Nase wollte nicht halten! ... Er führte sie an den Mund, erwärmte sie ein wenig mit dem Atem und setzte sie wieder auf die glatte Stelle zwischen seinen Wangen: aber die Nase wollte nicht halten.

»Na, na! Sitz doch, du Dumme!« sagt er zu ihr; die Nase war aber wie hölzern, und wenn sie auf den Tisch fiel, gab es einen seltsamen Ton, als ob es ein Stück Kork wäre. Die Züge Kowaljows verzerrten sich wie im Krampfe. »Wird sie denn nicht anwachsen?« sagte er sich voller Angst. Aber sooft er sie auch an ihren Platz setzte, seine Mühe blieb immer erfolglos.

Er rief Iwan und schickte ihn nach dem Arzt, der in der schönsten Wohnung im ersten Stock des gleichen Hauses wohnte.

Der Arzt, ein stattlicher Mann, nannte einen wunderschönen pechschwarzen Backenbart und eine frische, gesunde Gattin sein eigen, pflegte morgens frische Äpfel zu essen und hielt seinen Mund ungewöhnlich sauber: er spülte ihn jeden Morgen fast dreiviertel Stunden lang und putzte die Zähne mit Bürsten von fünf verschiedenen Sorten. Der Arzt kam augenblicklich. Er erkundigte sich, vor wieviel Tagen das Unglück geschehen, ergriff den Major Kowaljow am

Kinn und gab ihm mit dem Daumen einen Nasenstüber auf die Stelle, wo sich früher die Nase befunden hatte, so daß der Major den Kopf in den Nacken warf und ihn ziemlich heftig an die Mauer schlug. Der Medikus erklärte, das habe nichts auf sich; er empfahl ihm, von der Wand wegzurücken und ließ ihn den Kopf erst nach rechts neigen; er betastete die Stelle, wo früher die Nase gesessen hatte, sagte: »Hm!,« ließ ihn dann den Kopf nach links wenden, sagte wieder: »Hm!« und gab ihm zum Schluß wieder einen Nasenstüber mit dem Daumen, so daß der Major Kowaljow den Kopf zurückwarf wie ein Gaul, dem man die Zähne untersucht. Nach dieser Probe schüttelte der Medikus den Kopf und sagte: »Nein, es wird nicht gehen. Bleiben Sie lieber so wie Sie sind, sonst kann es noch schlimmer werden. Die Nase kann man wohl befestigen; ich könnte es sogar jetzt gleich tun, aber ich versichere Ihnen, es wäre für Sie schlimmer.«

»Das ist ja wunderschön! Wie soll ich ohne die Nase leben?« sagte Kowaljow. »Schlimmer als jetzt kann es doch nicht werden. Da soll doch der Teufel dreinfahren! Wo kann ich mich mit einem solchen Pasquillgesicht zeigen? Ich komme in gute Gesellschaft: auch heute abend muß ich zwei Besuche machen. Ich habe viele Bekannte: die Frau Staatsrat Tschechtarjowa, die Frau Stabsoffizier Podtotschina … wenn ich auch mit ihr jetzt nur noch durch Vermittlung der Polizei verkehre. Haben Sie Erbarmen!« fuhr Kowaljow mit flehender Stimme fort: »Gibt es denn kein Mittel? Befestigen Sie sie doch irgendwie, wenn auch nicht gut, daß sie nur irgendwie festsitzt; ich kann sie ja in schwierigen Fällen mit der Hand festhalten. Zudem tanze ich nicht und kann daher keine unvorsichtige Bewegung machen, die schaden könnte. Und was das Honorar für Ihren Besuch betrifft, so seien Sie versichert, daß ich bereit bin, soweit es meine Mittel gestatten … «

»Glauben Sie mir,« sagte der Arzt weder zu laut noch zu leise, doch außerordentlich überzeugend und eindringlich: »ich praktiziere nicht aus Habgier. Ich nehme für die Besuche wohl Geld, aber nur, um niemand durch die Weigerung zu kränken. Gewiß, ich kann Ihnen die Nase wohl ansetzen; aber ich gebe Ihnen mein Ehrenwort, wenn Sie es mir so nicht glauben wollen, daß es für Sie schlimmer wäre. Verlassen Sie sich auf das Walten der Natur. Waschen Sie die Stelle öfter mit kaltem Wasser, und ich versichere Ihnen, daß Sie dann ohne Nase ebenso gesund sein werden, wie mit der Nase. Ich rate Ihnen, die Nase in Spiritus zu legen, oder, noch besser, zwei Eßlöffel starken Branntwein und warmen Essig hineinzutun dann können Sie sie recht vorteilhaft verkaufen. Ich will sie Ihnen sogar selbst abnehmen, wenn Sie nicht zuviel verlangen.«

»Nein, nein! Ich verkaufe sie um nichts in der Welt!« schrie der Major Kowaljow verzweifelt: »Dann soll sie schon lieber zugrunde gehen!«

»Verzeihen Sie!« sagte der Arzt aufbrechend: »Ich wollte Ihnen nützlich sein … Was kann ich tun! Jedenfalls haben Sie meinen guten Willen gesehen.« Mit diesen Worten ging der Arzt in schöner Haltung aus dem Zimmer. Kowaljow hatte in seiner tiefen Erregung sein Gesicht gar nicht gesehen und nur die aus den Ärmeln seines schwarzen Fracks hervorlugenden schneeweißen Manschetten bemerkt.

Am nächsten Tag entschloß er sich, bevor er eine Klage einreichte, der Frau Stabsoffizier zu schreiben: ob sie nicht bereit wäre, ihm kampflos das, was ihm gehörte, zurückzugeben. Der Brief lautete wie folgt:

Sehr geehrte Alexandra Grigorjewna!
Ich kann Ihre Handlungsweise, die für einen Unbeteiligten so befremdend ist, unmöglich begreifen. Seien Sie versichert, daß Sie, wenn Sie so handeln, gar nichts erreichen und mich keineswegs zwingen können, Ihre Tochter zu heiraten. Glauben Sie mir: die Geschichte mit der Nase ist mir gut bekannt, genau wie der Umstand, daß Sie und niemand anders die Hauptschuldige sind. Das plötzliche Verschwinden derselben von ihrem Platze, ihre Flucht und ihr Auftauchen erst in der Gestalt eines Beamten, dann in ihrer eigenen Gestalt ist nur eine Folge der Hexereien, die von Ihnen oder von anderen, die sich gleich Ihnen mit dergleichen Dingen beschäftigen, betrieben werden. Ich meinerseits halte es für meine Pflicht, Ihnen zu erklären: wenn die erwähnte Nase sich nicht noch heute auf ihrem Platze befindet, werde ich mich gezwungen sehen, den Schutz der Gesetze anzurufen.

Im übrigen verbleibe ich in vorzüglicher Hochachtung

Ihr ergebenster Diener Piaton Kowaljow.

Sehr geehrter Herr Platon Kusmitsch!
Ihr Brief hat mich in höchstes Erstaunen versetzt. Ich muß Ihnen offen gestehen, daß ich es von Ihnen niemals erwartet hätte, am allerwenigsten aber Ihre ungerechten Anklagen. Ich versichere Ihnen, daß ich den Beamten, von dem Sie sprechen, weder in einer Maskierung, noch in seiner wahren Gestalt bei mir empfangen habe. Mich hat wohl Philipp Iwanowitsch Potantschikow besucht. Er hat sich zwar wirklich um die Hand meiner Tochter beworben, aber ich habe ihm, obwohl er ein trefflicher, nüchterner Mensch und sehr gebildet ist, keinerlei Hoffnung gegeben. Sie sprechen auch noch von der Nase. Wenn Sie damit meinen, ich hätte Ihnen

eine Nase drehen, das heißt Sie abweisen wollen, so wundere ich mich, daß Sie selbst davon sprechen, während ich, wie Sie selbst wissen, anderer Ansicht war: wenn Sie jetzt gleich in üblicher Form um die Hand meiner Tochter anhalten, so bin ich bereit, Ihren Wunsch zu erfüllen, denn dies war immer auch mein sehnlichster Wunsch. In dieser Hoffnung bin ich, stets zu Ihren Diensten,

Alexandra Podtotschina.

»Nein,« sagte Kowaljow, als er den Brief gelesen, »sie ist unschuldig. Es kann nicht sein! Der Brief ist so abgefaßt, wie ihn ein Mensch, der ein Verbrechen auf dem Gewissen hat, niemals abfassen kann.« Der Kollegien-Assessor verstand sich darauf, da er im Kaukasusgebiet schon öfters an gerichtlichen Untersuchungen teilgenommen hatte. »Auf welche Weise mag es so gekommen sein? Da kennt sich nur der Teufel aus!« sagte er zuletzt und ließ die Hände sinken.

Inzwischen hatte sich das Gerücht über dieses außergewöhnliche Ereignis in der ganzen Residenz verbreitet, und zwar, wie es so geht, nicht ohne gewisse Ausschmückungen. Damals waren alle Geister für das Übersinnliche eingenommen: das Publikum hatte sich erst vor kurzem für die Versuche mit dem Magnetismus interessiert. Auch waren die tanzenden Stühle in der Konjuschennaja-Straße noch so frisch in Erinnerung, daß es nicht zu verwundern ist, daß bald darauf das Gerücht aufkam, die Nase des Kollegien-Assessors Kowaljow spaziere um drei Uhr auf dem Newskij-Prospekt. Nun versammelte sich da jeden Tag eine Menge von Neugierigen. Jemand erzählte, die Nase halte sich im Junckerschen Kaufladen auf, und neben Juncker entstand ein solcher Auflauf, daß sogar die Polizei einschreiten mußte. Ein Spekulant von ehrwürdigem Aussehen mit Backenbart, der vor dem Theater trockenes Gebäck verkaufte, ließ schöne, feste Holzbänke anfertigen, auf denen die Neugierigen gegen Bezahlung von achtzig Kopeken stellen durften. Ein verdienter Oberst verließ eigens zu diesem Zweck seine Wohnung und drängte sich mit Mühe durch die Menge; aber zu seiner großen Entrüstung sah er im Fenster des Kaufladens statt der Nase eine ganz gewöhnliche wollene Unterjacke und eine Lithographie, die ein junges Mädchen darstellte, das seinen Strumpf in Ordnung brachte, und einen Gecken mit modischer Weste und einem Spitzbart, der sie hinter einem Baume beobachtete, eine Lithographie, die seit mehr als zehn Jahren an der gleichen Stelle hing. Der Oberst drehte sich um und sagte empört: »Wie kann man nur mit solchen albernen und unwahrscheinlichen Gerüchten das Volk verwirren?« Später kam das Gerücht auf, daß die Nase des Majors Kowaljow nicht auf dem Newskij-Prospekt, sondern im Taurischen Garten herumspaziere; sie befinde sich schon seit langer Zeit dort; auch Chosrew-Mirza habe, als er dort gewohnt, sich sehr über dieses seltsame Naturspiel gewundert. Einige Studenten der Chirurgischen Akademie begaben sich dorthin. Eine vornehme und angesehene Dame wandte sich brieflich an den Aufseher des Gartens mit der Bitte, ihren Kindern dieses seltene Phänomen zu zeigen und, wenn möglich, eine für die Jugend belehrende und nützliche Erklärung zu geben.

Alle diese Ereignisse waren den ständigen Besuchern der Empfänge in der großen Welt, die die Damen gerne unterhielten und deren Material um jene Zeit erschöpft war, ganz besonders angenehm. Eine Minderheit ehrenwerter und wohlgesinnter Leute aber war außerordentlich unzufrieden.

Ein Herr sagte empört, er könne nicht begreifen, wie sich bloß in diesem aufgeklärten Zeitalter derartige dumme Gerüchte verbreiten können, und er wundere sich nur, daß die Regierung nicht einschreite. Dieser Herr war offenbar einer von denjenigen, die die Regierung in alle Dinge einmischen möchten, sogar in ihre täglichen Streitigkeiten mit ihren Gattinnen. Bald darauf ... aber hier werden die Ereignisse wieder von einem Nebel verhüllt, und es ist unbekannt, was weiter geschah.

III

In dieser Welt kommen die unsinnigsten Dinge vor, zuweilen solche, die ganz unwahrscheinlich sind: dieselbe Nase, die als Staatsrat spazieren gefahren war und in der Stadt solches Aufsehen erregt hatte, befand sich plötzlich wieder, als ob nichts geschehen wäre, auf ihrem Platz, das heißt zwischen den beiden Wangen des Majors Kowaljow. Dies war schon am 7. April der Fall. Als der Major erwachte und in den Spiegel sah, erblickte er seine Nase! Er befühlte sie mit der Hand, – es war wirklich die Nase! »Aha!« sagte Kowaljow und wollte schon vor Freude barfuß einen Tanz aufführen, wurde aber von Iwan, der gerade ins Zimmer trat, daran verhindert. Er ließ sich sofort das Waschwasser bringen und sah beim Waschen wieder in den Spiegel die Nase war da! Als er sich abtrocknete, sah er noch einmal in den Spiegel, – die Nase war da!

»Schau mal her, Iwan, ich glaube, da sitzt ein Pickelchen auf der Nase!« sagte er und dachte bei sich: – Was, wenn

Iwan mir sagt: ›Nein, Herr, es ist gar kein Pickelchen und auch keine Nase da!‹–

Iwan sagte aber: »Es ist kein Pickelchen da: die Nase ist ganz rein!«

»Schön ist es, hol mich der Teufel!« sagte der Major zu sich selbst und knipste mit den Fingern. In diesem Moment blickte der Barbier Iwan Jakowlewitsch ins Zimmer, aber so scheu wie eine Katze, die man eben wegen Entwendung eines Stückes Speck gezüchtigt hat.

»Sag es mir gleich: sind deine Hände sauber?« schrie ihm Kowaljow schon von weitem zu.

»Ja, sie sind sauber.«

»Du lügst!«

»Bei Gott, sie sind sauber, Herr!«

»Nun, paß auf!«

Kowaljow setzte sich. Iwan Jakowlewitsch band ihm eine Serviette um und verwandelte in einem Augenblick sein ganzes Kinn und einen Teil seiner Wange mittels des Pinsels in eine Creme, wie man sie bei Namenstagsfeiern in Kaufmannshäusern aufträgt. »Ja, sieh mal an!« sagte Iwan Jakowlewitsch zu sich selbst, indem er die Nase ansah; dann wandte er seinen Kopf und blickte die Nase von der Seite an. »Sieh mal an! Wenn man es sich überlegt,« fuhr er fort und betrachtete lange die Nase. Endlich hob er ganz leicht und mit der größten Vorsicht zwei Finger, um die Nasenspitze zu erwischen. Iwan Jakowlewitsch hatte schon einmal dieses System.

»Na, na, paß auf!« rief Kowaljow. Iwan Jakowlewitsch ließ die Hände sinken, verlor jeden Mut und wurde so verwirrt wie noch nie. Schließlich fing er an, mit dem Rasiermesser ganz behutsam unter dem Kinn zu kitzeln, wie unbequem es auch war und wie schwer es ihm auch fiel, ohne den Stützpunkt auf dem Geruchsorgan zu rasieren; endlich überwand er doch alle Hindernisse, indem er seinen rauhen Daumen gegen die Wange und den Unterkiefer stemmte, und rasierte den Major glücklich zu Ende.

Als alles fertig war, kleidete Kowaljow sich rasch an, mietete eine Droschke und fuhr in eine Konditorei. Beim Eintreten rief er schon von weitem: »Kellner, eine Tasse Schokolade!« Dann lief er zum Spiegel: die Nase war da. Er wandte sich lustig um und musterte ironisch, mit einem Auge blinzelnd, zwei Offiziere, deren einer eine Nase kaum so groß wie einen Westenknopf hatte. Darauf begab er sich in die Kanzlei des Departements, in dem er sich um einen Vize-Gouverneurs-Posten, oder wenigstens um den eines Exekutors bewarb. Als er das Empfangszimmer durchschritt, blickte er in den Spiegel – die Nase war da. Dann besuchte er einen anderen Kollegien-Assessor, oder Major, einen großen Spötter, dem er schon mehr als einmal auf dessen spöttische Bemerkungen gesagt hatte: »Ich kenne dich, du bist immer so giftig!« Unterwegs dachte er sich: – Wälzt sich der Major, wenn er mich sieht, nicht vor Lachen, so ist es ein sicherer Beweis dafür, daß alles sich auf seinem Platze befindet. – Aber der Kollegien-Assessor sagte nichts. »Wie schön, hol mich der Teufel!« sagte Kowaljow zu sich selbst. Unterwegs begegnete er der Frau Stabsoffizier Podtotschina nebst Tochter; er machte eine Verbeugung und wurde mit freudigen Ausrufen begrüßt; also war alles in bester Ordnung. Er unterhielt sich mit ihnen sehr lange, nahm sogar seine Tabaksdose aus der Tasche und stopfte sich absichtlich vor ihren Augen sehr lange Schnupftabak in beide Löcher, wobei er zu sich selbst sagte: »Seht ihr es, ihr dummen

Hennen! Die Tochter werde ich aber doch nicht heiraten. So einfach, par amour, dagegen, – mit Vergnügen!«

Von nun an zeigte sich der Major Kowaljow, als ob nichts vorgefallen wäre, auf dem Newskij-Prospekt, in den Theatern und überall. Auch seine Nase saß, als wäre nichts vorgefallen, auf ihrem Platz und man konnte ihr nicht anmerken, daß sie sich von ihm entfernt hatte. Man sah jetzt den Major Kowaljow immer in bester Laune; er lächelte, verfolgte alle hübschen Damen und blieb sogar einmal vor einem Laden im Großen Kaufhaus stehen und kaufte sich ein Ordensband; wozu er es kaufte, blieb unbekannt, denn er hatte gar kein Recht auf irgendeinen Orden.

So eine Geschichte hat sich in der nordischen Residenz unseres ausgedehnten Vaterlandes ereignet! Wenn wir uns jetzt alle Umstände überlegen, sehen wir, daß an ihr vieles unwahrscheinlich ist. Schon ganz abgesehen davon, daß ein solches unnatürliches Verschwinden einer Nase und ihr Auftauchen an verschiedenen Orten in der Gestalt eines Staatsrates sehr sonderbar ist, – wie konnte es Kowaljow nicht eingesehen haben, daß man den Verlust einer Nase nicht gut durch die Zeitungsexpedition anzeigen kann? Ich will damit nicht gesagt haben, daß er für die Anzeige zu teuer bezahlt hätte; das ist unwesentlich, und ich bin gar nicht so habgierig; aber es ist unanständig, unpassend, unschön! Und dann: wie ist die Nase in das gebackene Brot geraten und was hatte Iwan Jakowlewitsch damit zu tun? ... Nein, ich verstehe es nicht, absolut nicht! Was ich aber am allerwenigsten verstehe, ist, daß sich ein Autor ein solches Thema wählen kann. Ich finde es, offen gestanden, ganz unbegreiflich! Das ist wirklich ... Nein, nein, ich kann es nicht verstehen! Erstens bringt es auch nicht den geringsten Nutzen dem Vaterlande, zweitens … aber auch zweitens bringt es keinen Nutzen. Ich weiß einfach nicht, was es ist …

Und doch, wenn man das eine, das andere und das dritte auch zugeben kann, sogar daß … und wo gibt es keinen Unsinn? Wenn man es sich aber überlegt, so steckt doch etwas dahinter. Man mag sagen, was man will, solche Ereignisse kommen wirklich vor, – selten, aber sie kommen vor.

Der Mantel

An einer Ministerialabteilung ... ich will die Ministerialabteilung nicht genauer bezeichnen. Es gibt nichts Unangenehmeres, als mit Angehörigen einer Ministerialabteilung, eines Regiments, einer Kanzlei, kurz, mit irgendeiner Amtsperson zu tun zu haben. Jeder Privatmensch glaubt heutzutage, man wolle in seiner Person die ganze Korporation beleidigen.

Man erzählt, vor kurzem sei eine Beschwerde eines Kapitän-Isprawniks, ich weiß nicht mehr genau von welcher Stadt, eingelaufen, in der er beweist, daß alle staatlichen Institutionen zugrunde gehen, und daß sogar sein geheiligter Name mißbraucht werde: als Beleg fügte er seiner Beschwerdeschrift einen sehr dicken Band eines Romans bei, in dem mindestens alle zehn Seiten ein Kapitän-Isprawnik auftritt, stellenweise sogar in vollständig betrunkenem Zustand.

Zur Vermeidung etwaiger Unannehmlichkeiten ziehe ich es vor, die Ministerialabteilung, von der die Rede ist, »eine Ministerialabteilung« zu nennen.

An »einer Ministerialabteilung« war also »ein Beamter« angestellt. Man kann nicht behaupten, daß es ein irgendwie bemerkenswerter Beamter war: er war klein, etwas pockennarbig, etwas rothaarig und anscheinend auch etwas kurzsichtig, er hatte eine kleine Glatze, runzlige Wangen und eine sogenannte hämorrhoidale Gesichtsfarbe ... Da ist schon einmal das Petersburger Klima daran schuld. Was seinen Beamtenrang betrifft, so war er das, was man einen ewigen Titularrat nennt, einer jener Unglücklichen, über die schon verschiedene Schriftsteller, welche den lobenswerten Grundsatz haben, nur Wehrlose anzugreifen – ihre Witze gerissen haben. Sein Name war Baschmatschkin.

Dieser Name[1] stammt offenbar von einem Schuh ab; der Zusammenhang läßt sich aber nicht mehr genau feststellen. Sein Vater und sein Großvater, sogar sein Schwager – kurz, alle Baschmatschkins trugen nur Stiefel, die sie dreimal im Jahre besohlen ließen.

Mit dem Vor- und Vatersnamen hieß er Akakij Akakijewitsch. Mancher Leser wird diesen Namen sonderbar und gesucht finden, ich kann aber versichern, daß man ihn durchaus nicht gesucht hatte: die Umstände hatten sich so gefügt, daß es unmöglich ein anderer Name sein konnte. Dies geschah so: Akakij Akakijewitsch kam zur Welt, wenn mich mein Gedächtnis nicht täuscht, in der Nacht zum 23. März. Seine selige Mutter, eine brave Beamtenfrau, wollte, wie sich's gehört, den Taufnamen wählen. Ihr Bett stand der Türe gegenüber, rechts von ihr saß der Pate – der Senatsbeamte Iwan Iwanowitsch Jeroschkin, ein trefflicher Mensch, links die Patin – Arina Ssemjonowna Bjelobrjuschkowa, Polizeioffiziersgattin, eine Dame von hervorragenden Tugenden. Der Wöchnerin wurden drei Namen vorgeschlagen: Mokius, Sossius und Chosdasates. »Nein«, meinte die selige Mutter, »die Namen sind etwas bunt.« Man tat ihr den Gefallen und schlug den Kalender an einer andern Stelle auf, da fand man wieder drei Namen: Trifilius, Dula und Barachasius.

»So ein Pech!« sagte die Alte, »schon wieder solche Namen. Ich habe noch nie solche nennen hören. Wenn es noch Baradates oder Baruch wäre, aber mein Gott: Trifilius und Barachasius!«

Man blätterte weiter und kam auf die Namen Pausikachius und Bachtisius. »Nun, ich seh' schon«, sagte die Alte, »daß es ihm so bestimmt ist. Dann soll er schon lieber wie

[1] Baschmak heißt russisch – Schuh

sein Vater heißen. Sein Vater hieß Akakij, so wollen wir ihn auch Akakij taufen.« So kam der Name Akakij Akakijewitsch zustande.

Während der Taufzeremonien machte das Kind eine sehr saure Miene, als ob es schon wüßte, daß es nur bis zum Titularrat kommen würde. So ging alles zu, und ich habe es absichtlich mit dieser Ausführlichkeit geschildert, damit der Leser selbst einsieht, daß unser Held keinen andern Namen tragen konnte.

Es läßt sich nicht mehr feststellen, wann Akakij Akakijewitsch in die Kanzlei eintrat und durch wessen Vermittlung er diesen Posten erhielt. Viele Kanzleivorstände hatten einander abgelöst, er saß aber immer auf dem gleichen Platz und bekleidete immer das gleiche Amt eines Kopisten; man mußte glauben, daß er schon ganz fertig mit der Glatze und mit der Beamtenuniform zur Welt gekommen sei. Von seinen Kollegen wurde er mit wenig Rücksicht behandelt, und selbst die Bürodiener erhoben sich nicht von ihren Plätzen, wenn er vorbeiging; sie schenkten ihm so viel Beachtung, wie einer gewöhnlichen Fliege, die durchs Wartezimmer fliegt. Die Vorgesetzten behandelten ihn kühl und despotisch. So ein Gehilfe des Amtsvorstandes schob ihm die Papiere einfach vor die Nase, ohne die Worte: »Machen Sie eine Abschrift davon«, oder: »Da ist eine interessante, nette Akte«, oder sonst eine angenehme Bemerkung, wie sie in vornehmen Ämtern üblich sind. Er nahm die Akten, ohne hinzusehen, wer ihm den Auftrag gab, und ob der betreffende überhaupt dazu berechtigt war, und machte sich gleich an die Arbeit.

Die jüngeren Beamten machten ihn zur Zielscheibe ihrer Witze und Streiche, soweit ihr Witz eben reichte. Sie erzählten in seiner Gegenwart unglaubliche Geschichten, in denen er als Held auftrat; sie behaupteten, daß er von seiner Wirtin, einer siebzigjährigen Alten, geschlagen würde, und fragten ihn, wann er sie endlich heiraten wolle; sie schütteten ihm auch Papierschnitzel auf den Kopf und nannten dies Schnee. Akakij Akakijewitsch sagte aber zu all dem kein Wort, als ob sie alle für ihn Luft wären. Sogar die Güte seiner Abschriften wurde dadurch nicht beeinträchtigt, und trotz aller Ablenkungen und Belästigungen sah man nie einen Schreibfehler in seinen Arbeiten. Wenn es schon gar zu arg wurde, wenn man ihn am Arm zupfte oder sonstwie am Schreiben hinderte, sagte er: »Lassen Sie mich doch! Warum quälen Sie mich?« Diese Worte klangen so rührend und mitleiderregend, daß ein junger Beamter, der dem Beispiel der anderen folgend, ihn einmal verhöhnen wollte, unter dem Eindruck dieser Worte wie vom Blitze getroffen innehielt und seit diesem Vorfalle plötzlich alles in einem anderen Licht zu sehen begann. Eine seltsame Macht trennte ihn von allen seinen Kollegen, die er früher für anständige und wohlerzogene Menschen gehalten hatte. Und noch lange nachher, selbst in den fröhlichsten Stunden, tauchte vor ihm oft das Bild des kleinen kahlköpfigen Beamten auf mit den rührenden Worten: »Lassen Sie mich doch! Warum quälen Sie mich?« In diesen Worten klang aber der Ausruf: »Ich bin ja dein Bruder.« Und der arme junge Beamte bedeckte sein Gesicht mit den Händen und zuckte zusammen, wenn er sah, wie unmenschlich oft ein Mensch ist, wie roh und grausam die gebildetsten und erzogensten Menschen sein können, ja, selbst solche, die allgemein für edel und gut gelten …

Man findet wohl kaum einen Beamten, der so sehr seinem Dienste zugetan ist, wie es Akakij Akakijewitsch war.

Er versah seinen Dienst nicht nur mit Eifer – auch mit Liebe. In der ewigen Anfertigung von Abschriften sah er eine abwechslungsreiche und prächtige Welt vor sich. Manchmal strahlte sein Gesicht; unter den Buchstaben hatte er einzelne Lieblinge, und wenn solche vorkamen, war er ganz außer sich vor Freude, er lächelte ihnen freundlich zu, und man konnte in seinem Gesicht wirklich lesen, welchen Buchstaben er gerade schrieb. Wenn die Beförderungen nur vom Eifer der Beamten abhingen, so wäre er zu seinem eigenen Erstaunen wohl längst Staatsrat geworden; alles, was er erreichte, war aber, wie sich seine Kollegen ausdrückten, ein Ehrenzeichen für langjährige treue Dienste nebst den dazu gehörenden Hämorrhoiden.

Man kann übrigens nicht sagen, daß ihn niemand zu würdigen verstand. Ein Amtsvorstand, der ihn in seiner Herzensgüte für die langen Dienstjahre belohnen wollte, ließ ihm einmal eine Arbeit anvertrauen, die wichtiger war, als das gewöhnliche Abschreiben: er sollte nämlich aus einem fertig vorliegenden Bericht einen neuen für eine andere Behörde machen. Die Arbeit bestand nur in der Abänderung der Überschrift und in der Transponierung der Zeitwörter aus der ersten in die dritte Person. Diese Arbeit strengte ihn so sehr an, daß der Schweiß nur so herunterlief; endlich sagte er:

»Nein, geben Sie mir lieber etwas zum Abschreiben.«

Von nun an ließ man ihn nur Abschriften machen. Außer dieser Arbeit hatte er für nichts in der Welt Interesse. Er sah auch nie auf seine Kleidung: sein Rock hatte längst die vorschriftsmäßige grüne Farbe verloren und war nun mehlig-braun. Er trug einen engen, ganz niedrigen Kragen, und sein Hals, der eigentlich gar nicht übermäßig lang war, erschien aus diesem Grunde so lang wie bei den Gipskatzen mit den nickenden Köpfen, die von russischen »Italienern« dutzendweise auf den Köpfen herumgetragen werden. An seinem Rock blieb immer etwas kleben oder hängen, bald ein Endchen Faden, bald ein Heuhalm. Er hatte ferner die ungewöhnliche Fähigkeit, an einem Fenster just in dem Augenblick vorbeizugehen, wenn aus ihm gerade irgendwelcher Unrat auf die Straße geschüttet wurde, und so trug er auf seinem Hut Melonenrinden und ähnliche Abfälle davon. Dem Leben auf der Straße schenkte er nie Beachtung und stach in dieser Beziehung von den jüngeren Beamten ab, die sich freilich etwas zu viel für die Vorgänge auf der Straße interessierten und oft sogar schmunzelnd feststellten, daß bei einem Herrn, der auf der anderen Straßenseite ging, eine Hosenstrippe sich losgemacht hatte und baumelte.

Akakij Akakijewitsch sah überall die gleichmäßig geschriebenen Zeilen vor sich und nur wenn über seiner Schulter plötzlich ein Pferdekopf auftauchte und ihn mit heißem Atem anpustete, bemerkte er, daß er sich nicht mitten in einer Zeile, sondern mitten auf der Straße befand. Zu Hause angelangt, setzte er sich sofort zu Tisch und verschlang seine Kohlsuppe und sein Zwiebelfleisch, ohne auf den Geschmack dieser Speisen zu achten; er aß sie mit den Fliegen und sonstigen Beilagen, die Gott gerade spendete. Sobald er sich gesättigt hatte, zog er ein Tintenfaß hervor und begann Abschriften von mitgebrachten Akten anzufertigen. Wenn fürs Amt gerade nichts zu tun war, machte er Abschriften zu seinem eigenen Vergnügen, mit besonderer Vorliebe von solchen Aktenstücken, die an eine hochstehende oder eine neu ernannte Persönlichkeit gerichtet waren; auf die schöne Fassung und auf den Inhalt sah er weniger.

Selbst in jenen Stunden, wo der graue Petersburger Himmel dunkel wird und das ganze Beamtenvolk seinen Hunger je nach seinem Gehalt und nach seinen Neigungen gestillt hat; wenn alle ausgeruht haben vom Federgekritzel in den Kanzleien, vom Herumrennen in eigenen und fremden Geschäften und von aller Mühe, die der Mensch sich freiwillig, und oft mehr als gut ist, auferlegt; wenn die Beamten zu Vergnügungen eilen, mit denen sie den Rest des Tages ausfüllen; der eine rennt ins Theater, der andere geht einfach auf die Straße, um den Damen unter die Hüte zu schauen, mancher sucht eine Abendgesellschaft auf, um einem jungen Mädchen – einem Stern des engen Beamtenhimmels – die Cour zu schneiden; die meisten begeben sich zu einem Kollegen, der irgendwo im vierten oder dritten Stock in einer Wohnung von zwei bescheidenen Zimmern nebst Küche oder Vorzimmer haust, die mit einigem modernen Komfort ausgestattet ist – einer Lampe oder einem anderen Luxusgegenstand, der manche Entbehrung gekostet hat; mit einem Wort, selbst in jenen Stunden, wenn die Beamten Whist spielen, Tee trinken, billigen Zwieback knuspern, ihre langen Pfeifen rauchen und in den Spielpausen irgendeinen Klatsch aus der besseren Gesellschaft, für die der Russe in allen Lebenslagen Interesse hat, erörtern, oder aus Ermangelung eines anderen Gesprächsstoffes die alte Anekdote vom Kommandanten, dem gemeldet wurde, jemand habe dem Denkmal Peters des Großen den Schwanz abgehackt, wiedererzählen; kurz, wenn alle Zerstreuung suchen, machte Akakij Akakijewitsch eine Ausnahme. Nie sah man ihn in einer Gesellschaft. Nachdem er sich satt geschrieben, ging er zu Bett und lächelte selig beim Gedanken: was werde ich wohl morgen zum Abschreiben bekommen.

So floß das friedliche Leben dieses Menschen dahin, der bei vierhundert Rubeln Jahresgehalt mit seinem Los zufrieden war; es hätte vielleicht bis ins hohe Alter so fließen können, wenn es nicht verschiedene Mißgeschicke gäbe, mit denen nicht nur der Lebensweg eines Titularrats besät ist, sondern auch der eines Geheimen, eines Wirklichen Geheimen, eines Hofrats wie überhaupt eines jeden Rats, und selbst solcher Leute, die niemand Rat erteilen und niemand um Rat fragen.

In Petersburg haben alle diejenigen, die an die vierhundert Rubel Jahresgehalt bekommen, einen grimmigen Feind: es ist unser nordischer Frost, von dem übrigens behauptet wird, er sei der Gesundheit zuträglich. Um neun Uhr morgens, gerade um die Stunde, wenn die Ministerialbeamten ins Amt gehen, verteilt er an alle, ohne Ansehung der Person, so heftige Nasenstüber, daß die armen Menschen gar nicht wissen, wo sie ihre Nasen hintun sollen. Und wenn der Frost selbst den höchststehenden Beamten so zusetzt, daß sie Kopfschmerzen bekommen und daß ihre Augen tränen, dann sind die armen Titularräte ganz schutzlos. Sie rennen, in ihre dünnen Mäntel gehüllt, was sie rennen können, die fünf, sechs Straßen bis zum Amt und trampeln dann im Portierzimmer so lange mit den Beinen, bis sie sich erwärmen und die eingefrorene Begabung zur amtlichen Tätigkeit wieder auftaut.

Akakij Akakijewitsch spürte seit einiger Zeit heftiges Stechen im Rücken und in der einen Schulter, obwohl er den festgesetzten Weg von der Wohnung in die Kanzlei immer im schnellsten Tempo zurücklegte. Und da fiel es ihm ein, sein Mantel müsse nicht ganz in Ordnung sein. Er unterzog ihn gleich einer eingehenden Untersuchung und stellte fest, daß der Stoff an einigen Stellen, und zwar gerade im Rücken und auf der Schulter, so dünn wie Kanevas geworden war: das Tuch war ganz durchgewetzt und auch das Futter war arg zerrissen. Es muß hier erwähnt werden, daß dieser Mantel von den Kollegen arg bekrittelt wurde; sie würdigten ihn nicht einmal der Bezeichnung »Mantel« und nannten ihn verächtlich »Morgenrock«. Der Mantel hatte auch wirklich ein ganz eigentümliches Aussehen: der Kragen wurde von Jahr zu Jahr kleiner, denn er mußte zum Flicken anderer schadhafter Stellen herhalten. Diese Ausbesserungen zeugten von einer nicht allzu großen Kunstfertigkeit des Schneiders und nahmen sich wenig schön aus.

Akakij Akakijewitsch kam zum Entschluß, den Mantel dem Schneider Petrowitsch in Behandlung zu geben. Dieser wohnte irgendwo im vierten Stock eines Hinterhauses und befaßte sich, trotz seines schielenden Auges und seines pockennarbigen Gesichts, mit ziemlichem Erfolg mit dem Ausbessern von Hosen und Fräcken der Beamten und auch anderer Menschen: natürlich, wenn er nicht gerade betrunken war oder andere Gedanken im Kopfe hatte. Dieser Schneider verdient eigentlich gar nicht, daß ich von ihm viel spreche; da es aber einmal Sitte ist, alle handelnden Personen einer Erzählung genau zu beschreiben, so muß ich auch diesen Petrowitsch vorführen. Vor Jahren, als er noch Leibeigener war, hieß er einfach Grigorij; den Namen Petrowitsch legte er sich erst dann zu, als er frei wurde und an den Feiertagen – zunächst nur an den großen, später aber an allen Tagen, die im Kalender mit einem Kreuz bezeichnet sind – zu trinken begann. In dieser Beziehung war er den Sitten seiner Väter treu, und wenn er darüber mit seiner Frau polemisierte, schalt er sie eine weltliche Person und eine Deutsche. Da schon einmal von der Frau die Rede ist, so müßte ich auch ihr einige Worte widmen; das einzige, was ich sagen kann, ist aber nur das: Petrowitsch hatte eine Frau, sie trug statt eines Kopftuches ein Häubchen und war anscheinend nicht sonderlich schön: wenn sie durch die Straße ging, schenkten ihr höchstens Gardesoldaten einige Beachtung, und selbst diese drehten den Schnurrbart und gaben einen eigentümlichen Laut von sich, sobald sie ihr unter die Haube geschaut hatten.

Akakij Akakijewitsch ging also zu Petrowitsch hinauf; die Treppe war schmutzig und feucht und von einem Schnapsduft erfüllt, der allen Petersburger Hintertreppen eigen ist. Unterwegs überlegte er sich, wieviel wohl Petrowitsch für die Arbeit verlangen würde; er war entschlossen, keineswegs mehr als zwei Rubel zu zahlen. Die Wohnungstür stand offen, denn Frau Petrowitsch bereitete gerade irgendein Fischgericht, und die Küche war so voller Rauch, daß man selbst die Schaben nicht unterscheiden konnte. Akakij Akakijewitsch passierte die Küche, ohne von der Frau gesehen zu werden, und kam in einen Raum, wo Petrowitsch selbst auf einem einfachen Tisch, mit untergeschlagenen Beinen wie ein türkischer Pascha thronte, und zwar, wie alle Schneider bei der Arbeit, mit nackten Füßen; das erste, was Akakij Akakijewitsch in die Augen sprang, war die große Zehe, deren verstümmelter Nagel an eine Schildkrötenschale gemahnte. Er hatte mehrere Fitzen Zwirn und Nähseide um den Hals hängen und arbeitete gerade an einem außerordentlich zerlumpten Kleidungsstück. Seit drei Minuten mühte er sich mit einem Faden ab, der durchaus nicht in das Nadelöhr gehen wollte; er schimpfte auf die Dunkelheit und auf den Faden: »Er will nicht, der Hund! Der Halunke bringt mich noch ins Grab!«

Akakij Akakijewitsch tat es leid, daß er Petrowitsch in so schlechter Laune antraf: er liebte es, seine Aufträge ihm dann zu erteilen, wenn der Schneider etwas angeheitert, oder, wie seine Frau sich ausdrückte, »stinkbesoffen wie ein Teufel« war. In diesem Zustande war er sehr entgegenkommend und nachgiebig, er machte sogar höfliche Verbeugungen und dankte für den Auftrag. Allerdings kam dann später die Frau mit der Behauptung, er sei betrunken gewesen und habe nur daher diesen billigen Preis gemacht: mit einem Zehnkopekenstück war aber auch sie zu besänftigen. Jetzt schien Petrowitsch nüchtern, und in solchen Augenblicken war er stets hart und eigensinnig und machte ganz wahnsinnige Preise. Akakij Akakijewitsch überblickte gleich die Situation und wollte eigentlich abziehen; es war aber zu spät. Petrowitsch sah ihn mit seinem einzigen Auge durchdringend an, und Akakij Akakijewitsch murmelte verlegen:

»Guten Tag, Petrowitsch!«

»Recht guten Tag, Herr ...« erwiderte Petrowitsch und schielte auf die Hände des Gastes, um zu sehen, was er mitgebracht habe.

»Ich komme, Petrowitsch, um ... das heißt ...«

Akakij Akakijewitsch gebrauchte mit besonderer Vorliebe Präpositionen, Adverbien, und ganz bedeutungslose Partikel. War die Sache aber irgendwie schwierig, so pflegte er seinen Satz nicht zu Ende zu sprechen; er begann oft seine Rede mit den Worten: »Dies ist wirklich ganz, sozusagen ...« und blieb dann stehen, in der Meinung, er habe seine Gedanken klar ausgedrückt.

»Was gibt's denn?« fragte Petrowitsch und musterte dabei mit seinem einzigen Auge die ganze Kleidung Akakij Aka-

kijewitschs vom Kragen bis zu den Ärmeln, Rockschößen und Knopflöchern; dies alles war ihm wohlbekannt, denn es war seine eigene Arbeit; die Schneider sind einmal so, daß sie immer zuerst die Kleidung betrachten.

»Ich komme also, Petrowitsch … weißt du, dieser Mantel da … das heißt, das Tuch ist ja ganz gut; es ist nur etwas verstaubt und sieht daher alt aus, es ist aber ganz neu; aber da, an einer Stelle, im Rücken, und auch hier in der Schulter, ist es etwas abgerieben, und auch auf der anderen Schulter, siehst du? Das wäre alles. Die Arbeit ist ja nicht groß …«

Petrowitsch nahm den Morgenrock in die Hand, breitete ihn auf dem Tische aus und griff nach seiner runden Tabaksdose, deren Deckel mit dem Bildnis eines Generals geschmückt war; wer der dargestellte General war, ließ sich nicht mehr feststellen, denn gerade auf der Stelle des Gesichts hatte der Deckel ein von einem Finger herrührendes Loch, das nun mit einem viereckigen Stück Papier überklebt war. Petrowitsch nahm eine Prise, betrachtete den Morgenrock von neuem, hielt ihn gegen das Licht und schüttelte den Kopf. Darauf wandte er seine Aufmerksamkeit dem Futter zu und schüttelte abermals den Kopf; dann öffnete er wieder die Dose mit dem überklebten Generalskopf, nahm eine tüchtige Prise, stellte die Dose weg und sagte endlich:

»Nein, da ist nichts zu machen. Der Mantel taugt nichts.«

Bei diesen Worten bekam Akakij Akakijewitsch Herzklopfen.

»Warum denn, Petrowitsch?« fragte er mit flehender, kindlicher Stimme. »Er ist ja nur an den Schultern etwas abgerieben; du wirst doch schon einen passenden Flicken finden, um es auszubessern …«

»Ja, ein Flicken läßt sich wohl finden«, sagte Petrowitsch, »aber wie soll ich ihn annähen? Das Tuch ist ja schon ganz faul, wenn man es mit der Nadel anrührt, fällt es auseinander.«

»Nun, wo's auseinanderfällt, da setzt du gleich einen Flikken hin.«

»Worauf soll ich denn den Flicken befestigen? Der Stoff ist zu sehr abgetragen. Sie können es meinetwegen Tuch nennen, das Zeug fliegt aber beim ersten Windstoß in Fetzen auseinander.«

»Versuch's einmal. Wie wäre es denn sonst wirklich …«

»Nein!« sagte Petrowitsch sehr entschieden. »Da kann ich nichts machen, die Sache ist hoffnungslos. Machen sie sich lieber Fußlappen daraus für den Winter; denn Strümpfe halten ja nicht genügend warm, die Deutschen haben sie erfunden, um mehr Geld zu verdienen. (Petrowitsch liebte von Zeit zu Zeit Ausfälle gegen die Deutschen zu machen.) Was aber den Mantel betrifft, so müssen Sie sich halt einen neuen machen lassen.«

Beim Worte »neu« wurde es Akakij Akakijewitsch ganz schwindelig, das ganze Zimmer drehte sich um ihn; das einzige, was er noch deutlich sah, war der mit Papier überklebte General auf Petrowitschs Tabaksdose.

»Einen neuen?« sagte er wie im Traume. »Ich habe ja kein Geld.«

»Jawohl, einen neuen Mantel«, bestätigte Petrowitsch mit grausamer Gelassenheit.

»Nun, und wenn es unbedingt ein neuer sein muß, wie wäre es dann …«

»Sie meinen, was er kosten würde?«

»Ja.«

»Ja, da müßten Sie schon hundertfünfzig Rubel anlegen«, sagte Petrowitsch und kniff dabei seine Lippen bedeutungsvoll zusammen. Er liebte überhaupt starke Effekte und setzte gern einen in Verlegenheit, um dann den Gesichtsausdruck des so Überrumpelten zu beobachten.

»Was! Hundertfünfzig Rubel für einen Mantel!« schrie der arme Akakij Akakijewitsch auf; er schrie wohl überhaupt zum erstenmal in seinem Leben, denn er zeichnete sich sonst durch seinen ruhigen stillen Ton aus.

»Jawohl«, sagte Petrowitsch, »und dann kommt es noch auf die Güte des Mantels an. Wenn wir einen Marderkragen nehmen und die Kapuze mit Seide füttern, so können es wohl auch zweihundert werden.«

»Petrowitsch, ich bitte dich«, flehte Akakij Akakijewitsch, die auf einen Effekt berechneten Ausführungen Petrowitschs ignorierend, »versuch's doch mit einer Reparatur; vielleicht kann mir der Mantel doch noch eine kurze Zeit dienen.«

»Nein, es wäre schade um die Arbeit und auch ums Geld«, sagte Petrowitsch. Diese Antwort wirkte auf den Armen ganz niederschmetternd, und er ging fort. Petrowitsch blieb noch eine Zeitlang in der gleichen Haltung mit zusammengekniffenen Lippen müßig sitzen; er freute sich, daß er nicht nachgegeben und auch das ehrsame Schneiderhandwerk nicht herabgewürdigt hatte.

Akakij Akakijewitsch ging durch die Straße wie ein Nachtwandler. »So stehen die Sachen«, sprach er zu sich selbst, »ich hätte wirklich nicht erwartet, daß sie so stehen ...« Nach einer Pause fügte er noch hinzu: »Also, so ist's! So weit ist es gekommen! Ich hätte es wirklich nicht erwartet.« Nach einer weiteren Pause sagte er noch: »So, so! Ganz unerwar-

tet kommt es … Es ist schon so eine Sache …« Er wollte eigentlich nach Hause, ging aber in einer ganz verkehrten Richtung. Unterwegs streifte ein Kaminkehrer seine Schulter, die nun ganz schwarz wurde; von einem Neubau fiel ihm eine ganze Ladung Mörtel auf den Kopf. Er sah und hörte nichts und kam erst dann einigermaßen zur Besinnung, als er gegen einen Polizeisoldaten anprallte, der seine Hellebarde zur Seite gestellt hatte und gerade im Begriff war, eine Prise Schnupftabak zu nehmen.

»Was rennst du einem in die Schnauze hinein?« schrie ihn dieser an. »Kannst du denn nicht auf dem Trottoir gehen?« Diese Bemerkung rüttelte ihn auf; er kehrte um und war bald zu Hause. Hier sammelte er seine Gedanken und überblickte mit klarem Auge die Lage; er setzte sein Selbstgespräch fort, aber nicht mehr in abrupten Ausrufen, wie vorhin, sondern in vernünftigen Sätzen, wie man mit einem klugen Freunde über eine intime Angelegenheit spricht:

»Mit dem Petrowitsch kann man ja jetzt gar nicht reden; er ist wohl etwas … Seine Frau hat ihn offenbar vorhin geprügelt. Ich will ihn lieber noch einmal, und zwar Sonntag früh, aufsuchen: da wird er noch vom Samstag abend etwas verkatert sein und sich stärken wollen; die Frau wird ihm aber kein Geld hergeben; wenn ich ihm da ein Zehnkopekenstück in die Hand drücke, wird er mit sich schon reden lassen und dann …«

Am nächsten Sonntag machte er sich wirklich auf den Weg; er sah Frau Petrowitsch gerade das Haus verlassen und stürzte sofort die vier Treppen hinauf. Petrowitsch sah wirklich so aus, wie Akakij Akakijewitsch erwartet hatte: er war ganz verschlafen und konnte kaum den Kopf halten. Als er aber erfuhr, um was es sich handelte, wurde er wieder ganz wild.

»Nein, daraus wird nichts. Sie müssen schon einen neuen bestellen.«

Nun drückte ihm Akakij Akakijewitsch die zehn Kopeken in die Hand.

»Ich danke ergebenst«, sagte der Schneider. »Ich werde für Ihr Wohl etwas zu mir nehmen; was aber den Mantel betrifft, so können Sie ganz beruhigt sein: mit ihm ist nichts anzufangen. Dafür will ich Ihnen einen ganz vorzüglichen neuen machen.« Akakij Akakijewitsch machte noch einen schüchternen Versuch, über die Instandsetzung des alten zu sprechen. Petrowitsch ließ ihn aber gar nicht ausreden.

»Einen neuen will ich Ihnen gern machen und werde mir die größte Mühe geben, Sie zufrieden zu stellen. Man könnte ihn auch nach der ganz neuen Mode machen: mit versilberten Haken am Kragen.«

Jetzt erst sah Akakij Akakijewitsch ein, daß er unbedingt einen neuen Mantel brauche, und diese Einsicht betrübte ihn außerordentlich. Woher sollte er denn das Geld dafür nehmen? Zu Weihnachten würde es allerdings eine Gratifikation geben, über diese Summe hatte er aber schon längst verfügt: er brauchte neue Beinkleider, schuldete dem Schuster für das Ansetzen eines neuen Oberleders zu alten Stiefeln und wollte sich noch drei Hemden und zwei jener Wäschestücke, die man in einem Buche nicht gut nennen kann, machen lassen. Kurz, die ganze Gratifikation hatte bereits ihre feste Bestimmung; selbst wenn der Direktor ihm statt der üblichen vierzig Rubel, fünfundvierzig oder gar fünfzig bewilligte, so würde auch das im Vergleich zu der nötigen Summe ein Tropfen im Meere sein.

Petrowitsch pflegte allerdings oft einen so horrenden Preis zu fordern, daß selbst seine Frau dagegen protestierte:

»Bist du denn verrückt? Manchmal arbeitest du ganz umsonst und jetzt verlangst du einen Preis, den du selbst nicht wert bist!«

Es war also zu erwarten, daß Petrowitsch seine Forderung auf achtzig Rubel herabsetzte; wo aber die achtzig Rubel hernehmen? Die Hälfte davon wäre noch aufzutreiben gewesen, sogar etwas mehr als die Hälfte; wo aber die andere Hälfte hernehmen? – Hier muß der Leser erfahren, wo Akakij Akakijewitsch die erste Hälfte hernehmen wollte. Von jedem ausgegebenen Rubel pflegte er nämlich eine halbe Kopeke in eine Sparbüchse zu tun. Am Ende eines jeden Semesters nahm er die Kupfermünzen heraus und wechselte sie gegen Silber um. So machte er es seit vielen Jahren, und die ersparte Summe betrug nun etwas über vierzig Rubel. Die Hälfte war also vorhanden. Es fehlten aber noch immer vierzig Rubel. Akakij Akakijewitsch dachte lange nach und entschloß sich endlich, ein Jahr lang seine täglichen Ausgaben aufs möglichste herabzusetzen, also abends keinen Tee zu trinken und kein Licht zu machen, die Schreibarbeiten aber im Zimmer der Wirtin zu verrichten; bei den Gängen in der Stadt die Füße recht vorsichtig zu setzen und so die Schuhe zu schonen; schließlich zu Hause als einzige Bekleidung seinen alten baumwollenen Schlafrock, der so ehrwürdig alt war, daß ihn selbst der Zahn der Zeit verschonte, zu tragen und möglichst wenig Wäsche zum Waschen zu geben.

Diese Entbehrungen kamen ihn anfangs schwer an; er gewöhnte sich aber allmählich an diese Lebensweise und kam schließlich ganz gut auch ohne Abendessen aus; dafür aber hatte er geistige Nahrung in den ewigen Gedanken an den neuen Mantel. Sein Leben wurde reicher und inhaltsvoller,

als ob er plötzlich geheiratet hätte und seinen Lebensweg nicht mehr allein ginge: ein neuer Lebensgefährte begleitete ihn auf allen Wegen, und dies war ein gut wattierter, dauerhafter, neuer Mantel. Er wurde viel lebhafter, und sein Charakter festigte sich, denn nun hatte er ein Lebensziel. Seine Schüchternheit, Unentschlossenheit und Unbeholfenheit waren ganz verschwunden. Seine Augen leuchteten, und durch seinen Kopf zogen ganz verwegene Gedanken: »Soll ich mir vielleicht doch einen Marderkragen machen lassen?«

Alle diese Gedanken lenkten ihn so sehr ab, daß er einmal beim Abschreiben beinahe einen Fehler gemacht hätte. Er kam aber noch rechtzeitig zu sich, seufzte auf und bekreuzigte sich. Mindestens einmal im Monat suchte er Petrowitsch auf, um mit ihm über den Mantel zu konferieren: es wurde erörtert, wo man das Tuch am vorteilhaftesten kaufen und wieviel man dafür zahlen solle. Er ging dann immer etwas besorgt, aber befriedigt heim und träumte von dem Tag, an dem er endlich den Mantel bekommen würde.

Die Sache ging viel schneller, als er erwartete. Die Gratifikation betrug zu seiner großen Überraschung weder vierzig, noch fünfundvierzig, sondern sechzig Rubel. Vielleicht ahnte der Direktor, daß Akakij Akakijewitsch einen Mantel brauchte, oder war es nur ein reiner Zufall? Jedenfalls wurde dadurch die Sache sehr beschleunigt: er brauchte nun nur noch zwei bis drei Monate zu hungern, um die achtzig Rubel beisammen zu haben. Sein sonst so ruhiges Herz pochte lebhaft. Als die achtzig Rubel endlich da waren, ging er sofort mit Petrowitsch in einen Tuchladen.

Sie kauften ganz vorzüglich ein; – das fiel ihnen nicht schwer, denn sie hatten seit einem halben Jahr sämtliche

Tuchläden abgesucht und alle Preise erfragt; Petrowitsch behauptete, es gäbe gar kein besseres Tuch als dieses. Zum Futter nahmen sie Baumwollzeug, aber von der allerbesten Sorte; Petrowitsch meinte, es sei viel besser und sogar eleganter als Seide. Auf den Marderkragen mußten sie verzichten, denn der Preis war wirklich zu hoch; sie nahmen dafür Katzenfell, ebenfalls von der besten Sorte; man konnte es aus einiger Entfernung für Marder halten.

Petrowitsch brauchte zur Anfertigung des Mantels zwei Wochen; es war nämlich viel Stepparbeit dabei, sonst wäre der Mantel früher fertig gewesen. Die Arbeit sollte zwölf Rubel kosten; dies war auch das Alleräußerste, denn alles war mit Seide genäht, und jede Naht wurde von Petrowitsch mit den Zähnen geglättet, die im Tuch verschiedene eingepreßte Ornamente zurückließen.

Es war an einem ... ich weiß nicht mehr, welcher Wochentag es war, jedenfalls war es aber der feierlichste Tag in Akakijs Leben, als er seinen Mantel bekam. Petrowitsch brachte ihn früh morgens gerade um die Stunde, als Akakij Akakijewitsch ins Amt gehen wollte. Es war die passendste Zeit, denn die Kälte war schon recht empfindlich und wurde von Tag zu Tag strenger. Petrowitsch kam mit dem Mantel so feierlich an, wie es einem tüchtigen Schneider ziemt. Sein Gesicht hatte einen so ernsten und bedeutungsvollen Ausdruck, wie es Akakij Akakijewitsch bei ihm noch nie gesehen hatte. Er war sich der Wichtigkeit seines Werkes wohl bewußt und schien den Abgrund zu messen, der einen Flickschneider von einem solchen trennt, der neue Sachen anfertigt. Der Mantel war in ein reines Taschentuch gehüllt, das soeben von der Waschfrau gekommen war; erst, nachdem der Mantel ausgepackt war, steckte Petrowitsch das

Tuch zum weiteren Gebrauch in die Tasche. Er nahm den Mantel mit beiden Händen und warf ihn sehr elegant Akakij Akakijewitsch auf die Schultern, dann zog er ihn mit einer geschickten Bewegung hinten zurecht; hierauf drapierte er ihn etwas legerer. Akakij Akakijewitsch wollte den Mantel auch richtig, wie es einem älteren Herrn ziemt, mit den Ärmeln anprobieren; auch die Ärmel saßen vorzüglich. Mit einem Worte: der Mantel paßte wunderbar. Petrowitsch ließ sich nicht die Gelegenheit zu der Bemerkung entgehen, er habe den billigen Preis nur darum gemacht, weil er ohne Firmenschild in einer Nebengasse wohne und weil er Akakij Akakijewitsch so gut kenne; auf dem Newskij-Prospekt hätte die Arbeit allein mindestens fünfundsiebzig Rubel gekostet.

Akakij Akakijewitsch wollte aber jede Diskussion über diesen Gegenstand vermeiden, auch machten ihm die hohen Ziffern, mit denen Petrowitsch nur so herumwarf, ordentlich angst. Er bezahlte, dankte und ging sofort, mit dem neuen Mantel angetan, ins Amt. Petrowitsch begleitete ihn hinunter und blieb dann auf der Straße stehen, um den Mantel aus einiger Entfernung zu betrachten, dann rannte er durch ein Seitengäßchen vor, so daß er Akakij Akakijewitsch überholte, um den Mantel wieder von einer anderen Seite in Augenschein zu nehmen.

Akakij Akakijewitsch ging seinen Weg zum Amt in der rosigsten Laune. Bei jedem Schritt fühlte er den neuen Mantel auf seinen Schultern sitzen und lächelte still in sich hinein. Zwei Vorteile sprangen ihm besonders in die Augen: erstens war der Mantel warm, zweitens war er schön.

Mit diesem Gedanken beschäftigt, kam er in die Kanzlei, legte den Mantel im Vorzimmer ab, betrachtete ihn noch

einmal von allen Seiten und übergab ihn endlich dem Portier mit der Weisung, auf ihn ganz besonders acht zu geben. Die Nachricht, daß Akakij Akakijewitsch einen neuen Mantel habe, und daß der Morgenrock nicht mehr existiere, verbreitete sich unter den Beamten wie ein Lauffeuer. Alle begaben sich ins Portierzimmer, um den Mantel zu begutachten. Akakij Akakijewitsch mußte von allen Seiten Gratulationen entgegennehmen; anfangs strahlte er dabei, wurde aber dann verlegen. Man bestürmte ihn, er müsse doch unbedingt die Neuanschaffung, wie es sich gehört, einweihen und ein Fest veranstalten; da wurde er ganz verlegen und wußte nicht, wie er dem entrinnen solle. Er war ganz rot und machte den Versuch, den Kollegen einzureden, der Mantel sei gar nicht neu, es sei vielmehr der alte Mantel.

Einer der Vorgesetzten, der offenbar zeigen wollte, daß er es nicht verschmähe, mit seinen Untergebenen zu verkehren, nahm sich seiner an und sagte:

»Ich will statt Akakij Akakijewitsch ein kleines Fest veranstalten und lade Sie hiermit für heute abend zum Tee ein; außerdem ist heute zufällig mein Namenstag.«

Die Beamten gratulierten nun auch dem Vorgesetzten und nahmen die Einladung mit Dank an. Akakij Akakijewitsch wollte anfangs ablehnen, als man ihm aber bewies, daß es sich nicht schicke, willigte er ein. Der Gedanke, daß er nun die Gelegenheit haben werde, auch abends den neuen Mantel zu tragen, machte ihm sogar große Freude. Dieser ganze Tag war für ihn ein Festtag. Auch nach Hause zurückgekehrt, bewahrte er die gleiche rosige Stimmung. Er hängte den Mantel sorgfältig auf einen Wandhaken, betrachtete noch einmal das schöne Tuch und das Futter und nahm dann noch seinen alten, gänzlich unbrauchbaren

Mantel vor, um Vergleiche anzustellen. Der Unterschied war wirklich so groß, daß er lachen mußte. Und auch während seiner Mahlzeit lächelte er beim Gedanken an den desperaten Zustand seines alten Morgenrocks. Er aß mit gutem Appetit. Nach beendeter Mahlzeit ließ er für diesmal seine gewohnte Abschreibearbeit ruhen und rekelte sich selig auf seinem Bett, bis der Abend anbrach. Dann kleidete er sich rasch um, zog seinen Mantel an und machte sich auf den Weg.

Wo der Vorgesetzte wohnte, der die Beamten zu sich eingeladen hatte, kann ich leider nicht angeben. Mein Gedächtnis hat sich etwas getrübt, und alle Straßen und Gassen Petersburgs sind in meinem Kopf durcheinandergeraten. Eines steht fest: der Beamte wohnte in einem besseren Stadtteil, folglich in ziemlich großer Entfernung von der Wohnung des Akakij Akakijewitsch. Er ging anfangs durch ganz leere und spärlich beleuchtete Straßen; je mehr er sich aber dem Ziele näherte, um so belebter und vornehmer wurde die Gegend. Es begegneten ihm immer mehr Passanten, darunter auch solche mit teuren Biberkragen auf ihren Mänteln, auch viele elegante Damen sah er auf seinem Weg; die einfachen messingbeschlagenen Vorstadtschlitten wurden immer seltener, dagegen tauchten viele elegant lakkierte Schlitten mit Bärenfelldecken auf, die von Kutschern mit roten Samtmützen gelenkt wurden. Alles kam unserem Akakij Akakijewitsch ganz neu vor; er war seit vielen Jahren wieder zum erstenmal abends auf der Straße. Er blieb neugierig vor der Auslage einer Bilderhandlung stehen und versenkte sich in die Betrachtung eines Bildes, auf dem eine schöne Dame dargestellt war, die sich gerade einen Schuh auszog und dabei ihr wirklich schönes Füßchen zeigte, während ein Herr mit Backenbart sie durch eine hinter ihrem Rücken befindliche Türe beobachtete.

Akakij Akakijewitsch schüttelte den Kopf und ging lächelnd weiter. Warum lächelte er? Weil er in eine Welt hineingeschaut hatte, die ihm zwar fremd war, für die aber doch ein jeder etwas Interesse hat, oder weil ihm der übliche Gedanke durch den Kopf ging: »Nein, diese Franzosen! Wenn die schon etwas machen, so ist es sozusagen...« Vielleicht dachte er auch gar nicht daran; ich konnte ihm ja nicht ins Herz sehen und seine Gedanken lesen.

Endlich erreichte er die Wohnung seines Vorgesetzten. Dieser lebte auf einem großen Fuß: die Wohnung befand sich im zweiten Stock, und die Stiege war sogar beleuchtet. Im Vorzimmer stand bereits eine lange Reihe Galoschen, daneben dampfte und summte ein Samowar. An der Wand hingen viele Mäntel und Paletots, darunter auch solche mit Biberkragen und Samtaufschlägen. Aus dem Nebenzimmer drangen Stimmen und Geräusche, die ganz deutlich wurden, als sich die Tür öffnete und ein Diener herauskam, der ein Tablett mit leeren Tassen, einem Milchtopf und einem Zwiebackkorb trug. Die Beamten waren wohl vollzählig versammelt und hatten anscheinend die erste Tasse Tee geleert. Akakij Akakijewitsch hängte nun seinen Mantel eigenhändig an die Wand und trat ein; er sah Kerzen, Beamte, Kartentische und Pfeifen vor sich und hörte den Lärm vieler Stimmen und umhergerückter Stühle. Er blieb verlegen mitten im Zimmer stehen und wußte nicht, was er nun anfangen sollte. Man hatte ihn aber bereits bemerkt; die Kollegen begrüßten ihn stürmisch und gingen dann alle ins Vorzimmer hinaus, um den Mantel noch einmal in Augenschein zu nehmen. Akakij Akakijewitsch wurde ganz rot vor Verlegenheit,

doch freute es ihn aufrichtig, daß der Mantel allen so gut gefiel. Die Kollegen ließen natürlich sehr bald ihn und seinen Mantel in Ruhe und wandten sich dem Whist zu. Der Lärm, das Stimmengewirr und die vielen Leute, kurz all das Ungewohnte wirkten auf den schüchternen Akakij direkt betäubend; er wußte nicht, wie er sich zu benehmen hatte und wo er seine Hände und seine ganze Gestalt hintun solle. Endlich ließ er sich an einem der Spieltische nieder und begann den Spielern in die Karten zu schauen. Dies langweilte ihn auf die Dauer, und bald begann er zu gähnen, denn die Stunde, um die er gewöhnlich zu Bett ging, war längst vorüber. Er wollte sich verabschieden, man hielt ihn aber mit Gewalt zurück: er müsse noch unbedingt zur Feier des Tages Champagner trinken.

Bald kam das Abendessen, das aus einem Fleischsalat, kaltem Kalbsbraten, einer Pastete, Kuchen und Champagner bestand. Akakij Akakijewitsch mußte zwei Glas davon trinken; dies heiterte ihn etwas auf, doch vergaß er für keinen Augenblick, daß es schon zwölf Uhr war und daß er eigentlich längst im Bett ein sollte. Er fürchtete, wieder mit Gewalt zurückgehalten zu werden und schlich sich unbemerkt ins Vorzimmer. Er fand da seinen Mantel auf dem Boden liegen, was ihn sehr betrübte. Er hob ihn auf, putzte ihn sorgfältig und war bald auf der Straße.

Auf der Straße herrschte noch immer reges Leben. Viele Gemischtwarenläden – diese Versammlungslokale der Dienerschaft und auch anderer Menschen waren noch geöffnet; andere Läden waren geschlossen, doch verriet der durch die Türspalten dringende Lichtschein, daß inwendig noch Leben herrschte und daß manche Dienstmädchen ihren Klatsch noch nicht beendet hatten. Akakij Akakijewitsch ging seinen Weg in der besten Gemütsverfassung und ließ sich sogar hinreißen, eine Zeitlang einer Dame zu folgen, bei der jeder Körperteil ungewöhnliche Beweglichkeit verriet; sie verschwand aber wie ein Blitz aus seinem Gesichtskreis. Er wunderte sich selbst über seine Unternehmungslust und ging zu seiner früheren gemächlichen Gangart über. Er kam allmählich in die stilleren entlegeneren Straßen, die auch bei Tageslicht wenig anheimelnd sind, um so weniger aber nachts. Die Laternen wurden immer seltener, und ihr Licht wurde trüber, denn in der Vorstadt sparte man offenbar mit dem Öl. Endlose Bretterzäune zogen sich hin, und weit und breit war kein Mensch zu sehen. Man sah nur noch glitzernden Schnee und die kleinen Häuschen, in denen alles schlief. Er näherte sich der Stelle, wo die lange Straße auf einen ungeheuer weiten Platz mündete. Der Platz war so weit, daß man die Häuser auf der anderen Seite kaum sehen konnte.

Irgendwo in der Ferne flackerte die Laterne eines Schilderhäuschens, das am Ende der Welt zu stehen schien. Die Stimmung Akakij Akakijewitschs schlug etwas um. Eine seltsame Angst bemächtigte sich seiner, als er diesen weiten Platz betrat, und sein Herz empfand etwas wie drohendes Unheil. Er blickte nach allen Seiten und fühlte sich plötzlich wie auf dem Meere. Er beschloß, lieber gar nicht hinzuschauen und ging mit geschlossenen Augen weiter. Als er sie öffnete, um festzustellen, wie weit es noch bis zum Ende des Platzes sei, erblickte er vor seiner Nase mehrere Männer mit langen Schnurrbärten. Es wurde ihm dunkel vor den Augen, und sein Herz begann zu zittern.

»Der Mantel gehört mir!« schrie ihn einer der Unbekannten an, ihn am Kragen packend.

Akakij Akakijewitsch wollte um Hilfe schreien, ein Mann hielt ihm aber seine Faust in der Größe eines Beamtenkopfes vor die Nase und sagte:

»Versuch nur zu schreien!«

Akakij Akakijewitsch fühlte noch, wie ihm der Mantel vom Leibe gerissen wurde und wie man ihm einen tüchtigen Fußtritt versetzte. Dann taumelte er, fiel in den Schnee und verlor das Bewußtsein. Als er nach einigen Minuten zu sich kam, war er wieder allein. Es war kalt, und der Mantel war fort. Er begann zu schreien; seine Stimme konnte aber nicht bis ans Ende des Platzes dringen. Er lief verzweifelt und schreiend auf das Schilderhäuschen zu. Der Wachsoldat erwartete ihn, auf seine Hellebarde gestützt, voller Neugier; es interessierte ihn, warum dieser Mensch so rannte und schrie. Akakij Akakijewitsch fragte ihn mit keuchender Stimme, warum er auf seinem Posten schlafe und gemütlich zuschaue, wie ein Mensch ausgeraubt werde.

Der Wachsoldat erklärte, nichts gesehen zu haben; er habe wohl gesehen, wie Akakij Akakijewitsch mitten auf dem Platze von zwei Männern gestellt worden sei, doch glaubte er, es seien seine Freunde gewesen; was aber den Mantel beträfe, so möchte er, statt zu schreien, sich lieber morgen zum Revieraufseher bemühen, dieser werde den Mantel und die Diebe schon ausfindig machen.

Akakij Akakijewitsch erreichte endlich seine Wohnung in einem schrecklichen Zustand: die wenigen Haare, die er noch an den Schläfen und im Nacken hatte, waren zerzaust, und seine ganze Kleidung war mit Schnee bedeckt. Die alte Wirtin eilte auf sein heftiges Pochen zur Türe, mit nur einem Schuh bekleidet und das Hemd vorne verschämt mit der Hand zusammenhaltend. Sie sah Akakij Akakijewitschs

Zustand und taumelte erschrocken zurück. Als er ihr den Sachverhalt erklärt hatte, schlug sie die Hände zusammen und meinte, er müsse sich an den Polizeiinspektor wenden; der Revieraufseher würde ihn nur mit leeren Versprechungen abspeisen; mit dem Polizeiinspektor sei sie dagegen bekannt, denn ihre frühere Köchin, die Finnin Anna, sei jetzt bei ihm als Kindermädchen angestellt; sie sähe ihn fast täglich auf der Straße und jeden Sonntag in der Kirche – er sei also offenbar ein guter und ordentlicher Mensch. Akakij Akakijewitsch ging traurig zu Bett, und jedermann, der sich in eine fremde Lage versetzen kann, wird wohl begreifen, wie er diese Nacht zubrachte.

Am nächsten Morgen ging er ganz früh zum Polizeiinspektor; man sagte ihm, dieser schlafe noch. Er kam um zehn wieder – der Polizeiinspektor schlief noch immer. Als er um elf kam – war der Inspektor ausgegangen. Schließlich kam er um die Mittagszeit; die Schreiber wollten ihn nicht vorlassen und verlangten zu wissen, in welcher Angelegenheit er käme. Akakij Akakijewitsch zeigte nun zum ersten Mal in seinem Leben, daß auch er energisch sein konnte, und erklärte, er müsse den Polizeiinspektor unbedingt persönlich sprechen; es handle sich um eine wichtige amtliche Angelegenheit, und wenn sie ihn nicht vorließen, wolle er sich beschweren. Die Schreiber mußten nachgeben, und einer von ihnen holte den Polizeiinspektor. Dieser nahm die Erzählung Akakij Akakijewitschs höchst sonderbar auf. Er zeigte wenig Interesse für seinen Mantel, begann ihn dagegen auszufragen, was er denn überhaupt in der späten Stunde auf der Straße zu suchen gehabt hätte, und ob er nicht gar in einem verdächtigen Hause gewesen sei. Diese Fragen machten ihn erröten und er ging heim, ohne erfahren zu haben, ob der Polizeiinspektor in der Sache etwas zu unternehmen gedenke.

An diesem Tage ging er nicht ins Amt, was ihm zum erstenmal im Leben passierte. Am nächsten Tag ging er aber doch hin, und zwar wieder in seinem alten Morgenrock, der noch trauriger aussah als je. Einzelne Beamte rissen selbst bei dieser traurigen Geschichte ihre Witze; die meisten waren aber so gerührt, daß sie sogar eine Kollekte für einen neuen Mantel veranstalteten. Da die Beamtenschaft kurze Zeit vorher durch zwei andere Kollekten – für ein Bildnis des Direktors und für die Subskription auf ein Werk, das ein Freund des Direktors verfaßt hatte – ausgeplündert worden war, ergab diese Kollekte ein überaus trauriges Resultat. Ein Kollege gab aber Akakij Akakijewitsch den Rat, er möchte sich doch nicht an den Revieraufseher wenden: dieser würde das Gestohlene vielleicht wiederfinden, um den Vorgesetzten seine Tüchtigkeit zu beweisen, doch werde der Mantel in den Händen der Polizei bleiben, es habe ja keiner einen gesetzlichen Beweis, daß der Mantel ihm gehöre. Er möchte sich doch an »einen gewissen Würdenträger« wenden, der bei seinen guten Beziehungen die Sache erfolgreicher durchführen könne.

Akakij Akakijewitsch entschloß sich also, jenen »Würdenträger« aufzusuchen. Welches Amt diese Person bekleidete, ist auch heute noch nicht aufgeklärt. Es muß bemerkt werden, daß der »Würdenträger« seine Würde erst seit kurzem erhalten hatte; vorher hatte er gar keine. Das Amt, das diese Persönlichkeit bekleidete, war übrigens gar nicht so hervorragend, denn es gibt noch viel höhere Ämter. Manche Leute sind aber stets geneigt, auch das minder Bedeutende für sehr bedeutend zu halten. Der betreffende Beamte gab sich auch die größte Mühe, den Anschein einer sehr bedeutenden Persönlichkeit zu erwecken; so hatte er verfügt, daß ihn die Untergebenen jeden Morgen unten an der Treppe erwarteten, und daß niemand ohne Anmeldung vorgelassen werde. Überall mußte die strengste Ordnung herrschen: der Kollegien-Registrator hatte jedes Gesuch dem Gouvernements-Sekretär vorzulegen, dieser meldete es dem Titularrat und so kam die Sache schließlich auch in seine Hand. Es ist schon einmal so in unserem heiligen Rußland, daß jeder Beamte bestrebt ist, es seinen Vorgesetzten gleichzutun. So hat einmal ein Titularrat, der zum Vorstand einer kleinen Kanzlei ernannt wurde, in seinem Amtslokal ein eigenes kleines Kämmerchen als »Sitzungssaal« eingerichtet; an der Tür dieses Zimmers standen zwei galonierte Diener mit roten Aufschlägen, die wie Logenschließer aussahen und jeden Besucher zu melden hatten, obwohl der »Sitzungssaal« so klein war, daß in ihm ein gewöhnlicher Schreibtisch kaum Platz hatte.

Der »Würdenträger« waltete seines Amtes mit großer Würde und Wichtigkeit. Das System beruhte in erster Linie auf Strenge. »Strenge, Strenge und – Strenge«, so pflegte er seinen Untergebenen immer einzuschärfen; dies war aber ganz überflüssig, denn die wenigen Beamten, die er unter sich hatte, waren auch so genügend eingeschüchtert. Wenn er durch die Kanzlei ging, ließen alle die Arbeit ruhen und sprangen ehrerbietig auf. Im Verkehr mit den Untergebenen gebrauchte er eigentlich nur folgende drei Redewendungen: »Wie unterstehen Sie sich? Wissen Sie auch, mit wem Sie sprechen? Denken Sie daran, vor wem Sie stehen?« Im Grunde genommen war er sehr gutmütig, freundlich und liebenswürdig, der Geheimratstitel hatte ihm aber ganz den

Kopf verdreht. Wenn er mit Gleichgestellten verkehrte, gab er sich sehr einfach und natürlich und machte den Eindruck eines anständigen und gescheiten Menschen. Kaum sah er aber einen Menschen vor sich, der im Dienstrange etwas unter ihm stand, so wurde er schweigsam und verschlossen und machte einen recht jämmerlichen Eindruck. Er hatte oft Lust, an einem interessanten Gespräch teilzunehmen, aber gleich kam ihm der Gedanke: wird es meine Würde nicht beeinträchtigen, wenn ich mich so familiär und herablassend zeige? Und so schwieg er meistens und galt daher für sehr langweilig.

Zu diesem »Würdenträger« kam nun Akakij Akakijewitsch mit seinem Anliegen, und zwar in einem Augenblick, der für ihn höchst ungünstig war; dem Würdenträger kam der Besuch aber sehr gelegen. Er unterhielt sich gerade mit einem zugereisten Jugendfreund, den er seit Jahren nicht gesehen hatte, als ihm der Besuch eines gewissen Baschmatschkin gemeldet wurde.

»Wer ist's?« fragte er kurz.

»Ein Beamter.«

»So! Der kann warten, ich habe jetzt keine Zeit.«

Ich muß bemerken, daß der Würdenträger log, denn er hatte Zeit im Überfluß. In der Unterhaltung mit dem Jugendfreund waren alle Gesprächsstoffe längst erschöpft, und sie bestand nun darin, daß sie sich abwechselnd auf die Schultern klopften und dazu sagten: »So ist's, Iwan Abramowitsch.« – »Ja, ja, Stepan Warlamowitsch!« Er ließ aber den Besuch warten, um den Freund, der seit Jahren auf dem Lande lebte und alle Herrlichkeiten des Staatsdienstes vergessen hatte, zu zeigen, wie die Beamten bei ihm antichambrieren müssen. Endlich war diese Unterhaltung beendet, beide saßen rauchend in höchst bequemen Lehnsesseln, als dem Geheimrat plötzlich der vorhin gemeldete Besuch einfiel. Er sagte dem Sekretär, der ihm Papiere zur Unterschrift gebracht hatte und in ehrerbietiger Haltung an der Türe stand:

»Ich glaube, dort wartet irgendein Beamter. Sagen Sie ihm, er möchte eintreten.«

Als der Würdenträger die klägliche Gestalt und die schäbige Uniform des Akakij Akakijewitsch erblickte, herrschte er ihn brüsk an:

»Sie wünschen?«

Diesen brüsken Ton hatte er noch acht Tage vor seiner Ernennung zum Geheimrat vor einem Spiegel eingeübt.

Akakij Akakijewitsch, der auch ohnehin ganz verschüchtert war, verlor nun ganz die Fassung. Er erzählte, so gut er konnte, seine gewohnten Partikel öfter als sonst gebrauchend, er hätte einen ganz neuen Mantel gehabt, der nun gestohlen worden sei, und darum wende er sich an seine Exzellenz mit der Bitte, dem Polizeipräsidenten über die Sache zu schreiben und so bei der Suche nach dem Mantel behilflich zu sein. Diese Zumutung kam dem Geheimrat etwas bunt vor.

»Kennen Sie denn die Vorschriften nicht? Wo stehen Sie jetzt? Wissen Sie denn nicht, daß die Gesuche an die Kanzlei zu richten sind, wo sie vom Kanzleivorstand entgegengenommen werden, der sie dem Abteilungsvorstand vorlegt, und dann vom Sekretär mir überbracht werden?«

»Ew. Exzellenz«, stotterte Akakij Akakijewitsch mit dem Aufwand seiner ganzen Geistesgegenwart und aus allen Poren schwitzend, »ich wagte es, mich direkt an Ew. Exzellenz

zu wenden, weil auf die Sekretäre – sozusagen kein Verlaß ist ...«

»Was?« schrie der Geheimrat auf. »Wo haben Sie sich mit solchem Geiste angesteckt? Wo haben Sie diese Ideen her? Wie unterstehen Sie sich, als junger Beamter hier solche Reden zu führen?«

Der »Würdenträger« schien gar nicht zu bemerken, daß Akakij Akakijewitsch hoch in den Fünfzigern stand und höchstens noch im Vergleich zu ihm selbst, der etwa siebzig Jahre alt war, »jung« genannt werden konnte.

»Wissen Sie auch, mit wem Sie reden? Begreifen Sie, wen Sie vor sich haben? Begreifen Sie es? Ich frage Sie, ob Sie es begreifen?«

Er stampfte mit dem Fuße und schrie so laut, daß auch jeder andere Mensch an der Stelle des Akakij Akakijewitsch erschrocken wäre. Auf Akakij Akakijewitsch machte dieser Auftritt aber einen solchen Eindruck, daß er am ganzen Leibe bebte und taumelte; wenn ihn zwei herbeigeeilte Diener nicht gestützt hätten, wäre er zu Boden gefallen. Der »Würdenträger« war mit dem erzielten Effekt, der alle seine Erwartungen übertraf, sehr zufrieden; er warf einen Seitenblick auf den Freund, um zu sehen, welchen Eindruck dieser von der großartigen Szene hatte und stellte mit Genugtuung fest, daß auch dieser verdutzt und sogar etwas erschrocken war.

Wie Akakij Akakijewitsch die Treppe hinunterkam und wie er auf die Straße gelangte – das konnte er später selbst nicht begreifen; eine solche Rüge hatte er noch nie im Leben bekommen, und noch dazu von einem Geheimrat eines fremden Ressorts. Er ging mit offenem Mund und taumelnd durch den Schneesturm, der draußen wütete, ohne auf den

Weg zu achten. Der kalte Wind wehte ihn nach Petersburger Art von allen vier Seiten zugleich an. Er bekam auch sofort eine Halsentzündung, und als er endlich zu Hause anlangte und sich ins Bett legte, hatte er bereits die Sprache verloren. Solche Wirkungen kann manchmal eine tüchtige Rüge haben!

Am nächsten Tage hatte er hohes Fieber. Mit der großmütigen Unterstützung des Petersburger Klimas entwickelte sich die Krankheit rapider, als man erwarten konnte. Der herbeigerufene Arzt betastete seinen Puls und verschrieb ihm heiße Umschläge, damit dem Kranken wenigstens etwas von den Wohltaten der Medizin zuteil werde; zugleich erklärte er ihm, er habe höchstens zwei Tage zu leben. Der Wirtin sagte er aber:

»Verlieren Sie keine Zeit und bestellen Sie gleich einen Fichtensarg; ein Eichensarg wird wohl zu teuer kommen.«

Ob Akakij Akakijewitsch diese Worte gehört hatte, und, wenn er sie gehört hatte, ob sie auf ihn einen Eindruck machten, ob es ihm da um sein armseliges Leben leid tat – weiß kein Mensch, denn er hatte hohes Fieber und phantasierte. Seltsame Gesichte verfolgten ihn unaufhörlich. Er sah den Schneider Petrowitsch, bei dem er einen neuen Mantel mit Fangeisen für die Diebe bestellte; er glaubte sich von Dieben umgeben, und er flehte die Wirtin an, sie möchte doch einen Dieb, der sich zu ihm unter die Decke geschlichen hätte, herausziehen; er fragte, warum der alte Morgenrock vor ihm hänge, da er doch einen neuen Mantel habe; zuweilen kam es ihm vor, als stehe er noch immer vor dem Geheimrat, der ihm eine Rüge erteilte, und da wiederholte er immer: »Ich bitte Ew. Exzellenz um Verzeihung!« Dann schimpfte er wieder in so unflätigen Ausdrücken, daß die alte Wirtin, die von ihm noch nie derartige Worte vernommen hatte, sich erschrocken bekreuzigte, um so mehr, weil diese Ausdrücke immer der Anrede »Ew. Exzellenz« folgten. Dann redete er ganz unsinniges Zeug; das einzige, was man daraus verstehen konnte, war, daß seine Gedanken sich immer um den Mantel drehten. Schließlich gab der arme Akakij Akakijewitsch seinen Geist auf.

Sein Zimmer wurde nicht versiegelt und von seinem Nachlaß wurde keine Inventur aufgenommen: erstens hatte er keine Erben und zweitens bestand der ganze Nachlaß aus einem Bündel Gänsefedern, einem Buch, weißen Kanzleipapiers, drei Paar Socken, einigen Hosenknöpfen und dem alten Morgenrock, den der Leser schon kennt. Wem diese Gegenstände zufielen, ist unbekannt; ich habe mich dafür nicht interessiert. Akakij Akakijewitsch wurde begraben, und Petersburg schien ihn gar nicht zu vermissen. So verschwand ein Wesen, das ganz schutzlos war, dem niemand eine Träne nachweinte und für das sich niemand interessierte, selbst die Naturforscher nicht, die auch eine gewöhnliche Fliege einfangen, um sie mit dem Mikroskop zu betrachten; ein Geschöpf, das jeden Spott voller Demut über sich ergehen ließ, das so mir nichts dir nichts zugrunde ging, das aber vor seinem Lebensende einen lichten Gast empfangen hatte – in Gestalt des Mantels, der sein armseliges Leben für einen Augenblick mit hellem Glanz erfüllte – und das schließlich vom Unglück zermalmt wurde, das auch die Mächtigen der Erde nicht verschont.

Einige Tage nach seinem Tode kam ein Bürodiener in seine Wohnung mit dem Befehl, er möchte doch sofort ins Amt kommen: der Herr Amtsvorstand brauche ihn. Der Bote kehrte aber unverrichteter Dinge zurück und richtete

aus, Akakij Akakijewitsch werde nicht mehr kommen. Auf die Frage »Warum?« sagte er:

»Er ist gestorben. Vor vier Tagen war die Beerdigung.« Auf diese Weise erfuhr man in der Ministerialabteilung von seinem Hinscheiden; am nächsten Tage saß auf seinem Platz ein neuer Beamter, der viel größer war als der Verstorbene und der die Buchstaben nicht so steil, sondern viel schräger setzte.

Wer hätte sich gedacht, daß die Geschichte von Akakij Akakijewitsch noch nicht zu Ende ist, und daß es ihm vergönnt war, noch einige Tage nach seinem Tode Aufsehen zu erregen, wohl als Entgelt für sein unbemerkt gebliebenes Leben? So war es in der Tat, und hier nimmt unsere traurige Geschichte eine phantastische Wendung.

In Petersburg verbreitete sich das Gerücht, in der Gegend der Kalinkin-Brücke treibe sich jede Nacht ein Gespenst in einer Beamtenuniform herum, das einen ihm gestohlenen Mantel suche und unter diesem Vorwande allen Passanten, ohne Ansehen der Person, die Mäntel herunterreiße: Mäntel mit Watte, mit Katzen-, Biber-, Fuchs-, Bären- und Nerzfell, kurz, mit allen Fellen und Häuten, mit denen die Menschen die eigene Haut bedecken. Ein Ministerialbeamter hatte das Gespenst mit eigenen Augen gesehen und in ihm den verstorbenen Akakij Akakijewitsch erkannt; er bekam solche Angst, daß er wie verrückt davonlief und nur noch sah, wie ihm das Gespenst mit dem Finger drohte. Unausgesetzt liefen Klagen, nicht nur von Titular-, sondern auch von Hofräten ein, das Gespenst habe ihnen den Mantel abgenommen und sie hätten sich dadurch bedenkliche Erkältungen zugezogen.

An die Polizei erging der Befehl, den Toten tot oder lebendig einzufangen und exemplarisch zu bestrafen. Es wäre ihr auch beinahe geglückt: in der Kirjuschkin-Gasse erwischte ein Wachsoldat den Toten gerade in dem Augenblick, als dieser im Begriff war, einem ausgedienten Musikanten, der vor Jahren Flöte geblasen hatte, seinen Friesmantel wegzunehmen. Er hatte das Gespenst am Kragen gepackt und der Obhut zweier herbeigerufener Kameraden übergeben; er selbst holte seine Tabaksdose hervor, um seine Nase, die schon sechsmal eingefroren war, mit einer Prise zu beleben. Der Tabak war wohl auch für einen Toten zu stark, denn kaum hatte sich der Wachsoldat ein Quantum Tabak in die Nase gestopft, als das Gespenst so heftig zu niesen begann, daß alle drei die Augen schließen mußten. Während sich die Soldaten die Augen rieben, war das Gespenst spurlos verschwunden, und sie zweifelten später, ob sie es überhaupt in den Händen gehabt hatten. Von nun an bekamen alle Wachsoldaten solche Angst vor Toten, daß sie selbst lebende Verbrecher zu verhaften fürchteten und ihnen nur von weitem zuriefen: »Na, du!! Mach, daß du weiterkommst!« Das Gespenst des toten Beamten wurde infolgedessen ganz frech und zeigte sich zuweilen auch diesseits der Kalinkin-Brücke.

Nun wollen wir zu dem »Würdenträger« zurückkehren, der eigentlich den phantastischen Verlauf unserer, übrigens höchst wahrhaften Geschichte verursacht hatte. Zur Steuer der Wahrheit sei hier festgestellt, daß er bald nach dem Auftritt mit Akakij Akakijewitsch etwas wie Mitleid verspürte. Denn Mitgefühl war diesem Beamten nicht fremd, und nur sein hoher Rang hinderte ihn, seine Herzensregungen zum Durchbruch kommen zu lassen. Sobald der zugereiste Freund gegangen war, fiel ihm wieder der Titularrat ein. Dann verfolgte ihn fast täglich das Bild des bleichen Akakij Akakijewitsch, für den die Rüge so traurige Folgen gehabt hatte. Endlich entschloß er sich, einen seiner Beamten hinzuschicken, um zu erfahren, wie es ihm gehe und ob ihm nicht irgendwie zu helfen wäre. Als er nun erfuhr, daß Akakij Akakijewitsch ganz plötzlich gestorben war, fühlte er Gewissensbisse und war auch dann den ganzen Tag schlechter Laune.

Um diese Laune zu vertreiben und sich etwas zu zerstreuen, begab er sich abends zu einem seiner Freunde, wo er eine sehr angenehme Gesellschaft antraf: lauter Herren des gleichen Dienstranges wie er, so daß er sich ganz ungezwungen benehmen konnte. Dies übte auf ihn einen wunderbaren Einfluß: er wurde gesprächig und liebenswürdig und verbrachte den ganzen Abend in der besten Stimmung. Beim Souper trank er zwei Glas Champagner, der bekanntlich recht günstig auf die Stimmung wirkt. Der Champagner weckte in ihm die Lust zu einigen Extravaganzen: er beschloß nämlich, nach dem Souper nicht gleich nach Hause zurückzukehren, sondern eine Dame, mit der er recht intim befreundet war, zu besuchen; sie hieß Karolina Iwanowna und war, wenn ich nicht irre, deutscher Herkunft. Der »Würdenträger« war übrigens nicht mehr jung, und galt als musterhafter Gatte und Familienvater.

Zwei Söhne, von denen der eine bereits im Staatsdienst war, und eine sechzehnjährige Tochter mit einem etwas gebogenen, aber hübschen Näschen küßten ihm jeden Morgen die Hand mit dem Gruße: »Bon jour, Papa!«

Seine Gattin, eine gut konservierte und stattliche Dame, ließ ihn zuerst ihre Hand küssen und küßte dann die seinige.

Er war also in seinem Familienleben recht glücklich, und doch pflegte er freundschaftlichen Verkehr mit einer Dame, die in einem anderen Stadtteil wohnte und die weder schöner noch jünger war als seine Frau; solche Rätsel kommen alle Tage vor, und wir wollen sie hier nicht näher untersuchen.

Der »Würdenträger« ging die Treppe hinunter, setzte sich in seinen Schlitten und befahl dem Kutscher: »Zu Karolina Iwanowna!« In seinen warmen Pelzmantel gehüllt, befand er sich in jenem glückseligen Zustand, den der Russe so sehr liebt: man denkt an nichts, und die angenehmsten Gedanken kommen einem ganz von selbst in den Kopf, so daß man ihnen gar nicht nachzulaufen braucht. Er dachte an den so vergnügt verbrachten Abend und an alle guten Witze, die da aufgetischt wurden; er wiederholte sie jetzt leise vor sich hin und fand sie noch immer so gelungen und wirkungsvoll wie vorhin. Zuweilen wurde er durch den höchst lästigen Wind abgelenkt, der ohne ersichtlichen Grund von irgendwo kam, ihn mit Schnee überschüttete, schmerzhaft ins Gesicht zwickte und den Pelzkragen wie ein Segel aufblähte, so daß er mit ihm ordentlich zu kämpfen hatte.

Plötzlich fühlte sich der »Würdenträger« am Kragen gepackt. Als er sich umwandte, erblickte er einen älteren Beamten, in dem er zu seiner Bestürzung Akakij Akakijewitsch erkannte. Das Gesicht des Beamten war leichenblaß. Der Schreck des Würdenträgers steigerte sich aber ins Grenzenlose, als der Tote den Mund, dem der kalte Hauch des Grabes entströmte, öffnete und die Worte sprach:

»Da bist du ja! Endlich hab' ich dich beim Kragen erwischt! Deinen Mantel suche ich ja eben. Du wolltest dich nicht meines Mantels annehmen und hast mir noch obendrein eine Rüge erteilt, jetzt wirst du mir dafür den deinigen hergeben!«

Der arme »Würdenträger« war halb tot. Er, der in seiner Kanzlei vor seinen Untergebenen so energisch aufzutreten verstand, war jetzt so außer sich vor Schreck, daß er einen Ohnmachtsanfall befürchtete; so geht es übrigens in ernsten Augenblicken vielen, die sonst ein imposantes Auftreten haben. Er zog sich selbst den Mantel von seinen Schultern und schrie dem Kutscher mit wilder Stimme zu: »Rasch nach Hause!« Als der Kutscher diesen Ton hörte, der gewöhnlich von noch wirksameren Ausbrüchen begleitet war, duckte er sich und schlug wütend auf die Pferde ein. In sechs Minuten hielt der Schlitten vor dem Hause. So kam der »Würdenträger« bleich, erschrocken und seines Mantels beraubt, statt zur Karolina Iwanowna – nach Hause. Er ging sofort in sein Zimmer, wo er eine ganz schreckliche Nacht verbrachte. Am nächsten Morgen sah er so schlecht aus, daß seine Tochter ihm beim Morgengruß sagte:

»Du bist ja heute ganz blaß, Papa!«

Der Papa erwiderte aber darauf gar nichts und erzählte auch kein Wort davon, wo er die letzte Nacht gewesen war und was er noch vorgehabt hatte. Dieser Vorfall machte auf ihn einen starken Eindruck. Seine Untergebenen bekamen jetzt viel seltener die Worte: »Wie unterstehen Sie sich? Wissen Sie, mit wem Sie reden?« zu hören; wenn er diese Worte auch noch zuweilen gebrauchte, so doch erst immer nach Anhörung der Sache.

Das Merkwürdigste aber war, daß das Gespenst von jenem Tage an sich nicht mehr sehen ließ: der Mantel des »Würdenträgers« schien ihm ausgezeichnet zu passen. Wenigstens hörte man nichts mehr von neuen Manteldiebstählen. Viele

Leute konnten sich aber noch immer nicht beruhigen und behaupteten, das Gespenst tauche noch immer hier und da in den entlegeneren Stadtbezirken auf. Ein Wachsoldat aus der Kolomna-Vorstadt hatte das Gespenst des toten Titularrats auch wirklich noch einmal gesehen. Dieser Soldat war von Natur etwas schwächlich, so daß ihn einmal ein junges Schwein, das ihm unter die Füße lief, zum größten Gaudium der Droschkenkutscher zum Fallen brachte; sie mußten ihm auch später dafür, daß sie über ihn gelacht hatten, je eine halbe Kopeke Entschädigung zahlen. Dieser Wachsoldat war also so schwach, daß er sich nicht traute, das Gespenst zu stellen. Er verfolgte es nur schweigend durch die finsteren Straßen, bis es sich umwandte und fragte:

»Was willst du denn?«, wobei es ihm eine so mächtige Faust zeigte, wie sie auch bei lebenden Menschen nicht oft vorkommt.

Der Wachsoldat murmelte: »Gar nichts ...« und machte sofort kehrt.

Das Gespenst war aber viel größer gewachsen, als es Akakij Akakijewitsch bei Lebzeiten war, und hatte einen mächtigen Schnurrbart. Es schlug anscheinend die Richtung zur Obuchowschen Brücke ein und verschwand in der Nacht.